高等职业教育扩招与外部质量保障研究

Research on Enrollment Expansion and
External Quality Assurance of
Higher Vocational Education

刘康宁 ◎ 著

中国社会科学出版社

图书在版编目（CIP）数据

高等职业教育扩招与外部质量保障研究 / 刘康宁著. —北京：中国社会科学出版社，2022.2

ISBN 978-7-5203-9554-0

Ⅰ. ①高… Ⅱ. ①刘… Ⅲ. ①高等职业教育—招生制度—关系—教育质量—研究—中国　Ⅳ. ①G718.5

中国版本图书馆 CIP 数据核字（2022）第 012463 号

出 版 人	赵剑英
责任编辑	张　林
特约编辑	郑成菊
责任校对	杨　林
责任印制	戴　宽

出　　版	中国社会科学出版社
社　　址	北京鼓楼西大街甲 158 号
邮　　编	100720
网　　址	http://www.csspw.cn
发 行 部	010-84083685
门 市 部	010-84029450
经　　销	新华书店及其他书店

印刷装订	三河弘翰印务有限公司
版　　次	2022 年 2 月第 1 版
印　　次	2022 年 2 月第 1 次印刷

开　　本	710×1000　1/16
印　　张	16
插　　页	2
字　　数	216 千字
定　　价	89.00 元

凡购买中国社会科学出版社图书，如有质量问题请与本社营销中心联系调换
电话：010-84083683
版权所有　侵权必究

目 录

引 言 …………………………………………………………… (1)

第一章 绪论 …………………………………………………… (4)
第一节 问题的提出 …………………………………………… (4)
第二节 研究意义 ……………………………………………… (8)
  一 加强外部质量保障研究的迫切要求 ………………… (9)
  二 研究的理论意义 ……………………………………… (10)
  三 研究的实践意义 ……………………………………… (12)
第三节 概念流变与理论分析视角 …………………………… (14)
  一 基于"价值"学说的质量保障概念流变 …………… (14)
  二 概念界定与研究范围 ………………………………… (17)
  三 理论分析框架与视角 ………………………………… (20)
第四节 研究内容与方法 ……………………………………… (22)
  一 研究内容 ……………………………………………… (23)
  二 研究思路 ……………………………………………… (25)
  三 研究方法 ……………………………………………… (26)

第二章 高等职业教育外部质量保障研究的历史演进与现状 ……………………………………………………… (29)
第一节 研究文献的检索统计分析 …………………………… (29)

一　国内高等教育质量保障研究的词频分析 …………（29）
　　二　国外期刊的研究文献统计分析 ………………………（36）
第二节　外部质量保障的历史演进 ……………………………（39）
　　一　外部质量保障的问题缘起 ……………………………（39）
　　二　大众化使质量保障从"内部"变为"外部"
　　　　问题 ………………………………………………………（41）
　　三　后大众化使质量保障从"政府管理"变为
　　　　"公众管理"问题 ………………………………………（43）
第三节　国内研究现状 …………………………………………（44）
　　一　有关高等教育外部质量保障机构的研究 ……………（44）
　　二　高等教育质量保障模式研究 …………………………（48）
　　三　高等职业教育外部质量保障体系建设的研究 ………（50）
第四节　国外研究现状 …………………………………………（51）
　　一　全球高等职业教育发展新变化对质量管理的
　　　　需求 ………………………………………………………（51）
　　二　质量保障：从概念拓展到理念认识 …………………（54）
　　三　外部质量保障的新模式与方法 ………………………（56）
　　四　与绩效关联的问责制研究 ……………………………（60）
　　五　外部质量保障机构的组织特征 ………………………（61）
　　六　"同行"评估提升外部质量保障公信力的
　　　　重要性 ……………………………………………………（62）
　　七　高等教育外部质量保障的地区多样化研究 …………（64）
第五节　研究趋势分析 …………………………………………（65）
　　一　研究述评 ………………………………………………（65）
　　二　"中国问题"与"专题化"研究趋势 ………………（66）
　　三　质量保障是高等职业教育发展问题研究的次领域……（67）

第三章 我国高等职业教育的兴起、扩张与内涵建设 (69)

第一节 我国高等职业教育兴起 (69)
一 职业大学的发展起点 (70)
二 普通高等专科学校向高等职业学院发展过渡 (71)
三 成人高校举办高等职业教育 (72)
四 本科院校举办高等职业教育 (73)
五 转设、升格、合并组建高等职业技术学院 (74)

第二节 高等职业教育扩张 (76)
一 高等职业教育扩张的外部与内部需求 (76)
二 高等职业院校是"外力驱动型"的扩张 (78)
三 在校学生规模不断扩大 (80)
四 经费保障能力的提高 (82)
五 高等职业教育扩张的特点 (84)

第三节 高等职业教育发展重心向内涵建设转移 (86)
一 以质变求"内涵式"可持续发展 (86)
二 内涵建设要关注"人"而不是"物"的发展 (87)
三 以教育的"现代性"实现学生"理性价值"的内涵教育 (88)

本章小结 (89)

第四章 外部质量保障的制度建设与体系运行 (92)

第一节 高等职业教育院校评估制度建立 (92)
一 初建"教学工作合格学校试点评估"的院校评估制度 (93)
二 建立"周期性"评估制度 (94)
三 在"国家示范性高等职业院校"建设中引入卓越标准 (97)

第二节 外部质量保障机制建立与运行 ……………………（98）
　一 建立"管办评"分离的外部质量保障机制 …………（99）
　二 全国性和地方性外部质量保障机构的建立 …………（100）
第三节 我国高等职业教育外部质量保障体系的运行……（102）
　一 突出高等职业院校基础能力建设的人才培养
　　　水平评估 ………………………………………………（103）
　二 聚焦人才培养质量的内涵建设评估 …………………（105）
　三 转向内部质量保障的"诊断与改进" ………………（108）
本章小结 ……………………………………………………（111）

第五章 我国高等职业教育外部质量保障建设的有效性……（112）
第一节 "有效性"调查设计与内容维度 …………………（112）
　一 问卷题项与内容维度 ………………………………（113）
　二 问卷的信度和效度检验 ……………………………（115）
　三 调查步骤与对象样本结构 …………………………（117）
第二节 高等职业教育外部质量保障运行的有效性………（119）
　一 外部质量保障中的和谐关系 ………………………（119）
　二 外部质量保障体系的独立性客观性 ………………（123）
　三 机构的可持续发展 …………………………………（128）
　四 促进个体的发展 ……………………………………（131）
　五 促进质量的持续改进 ………………………………（134）
　六 与有效性相关联的事实性分析 ……………………（138）
第三节 不同对象视角下的外部质量保障有效性…………（144）
　一 外部专家与高校内部人员的有效性判别 …………（144）
　二 东部、中部、西部不同省区的判别异同 …………（150）
　三 不同省域外部质量保障运行有效性比较 …………（155）
　四 不同工作经历对"有效性"的认知差异 …………（158）

本章小结……………………………………………………（159）

第六章 省域高等职业教育的发展对外部质量保障的需求……………………………………（162）

第一节 省域高等职业教育的发展…………………………（163）
  一 早期阶段的院校布局和规模发展………………………（163）
  二 中期阶段推进高等职业教育的校企合作发展…………（165）
  三 内涵发展阶段的高等职业教育"质量工程"建设……………………………………………………（166）
  四 现代职业教育体系要求下的人才培养"立交桥"建设……………………………………………………（167）
  五 高等职业教育融入省域经济社会发展的新任务……（168）

第二节 省域高等职业教育的多样性发展现状……………（169）
  一 管理体制的多元特性……………………………………（170）
  二 行业类型的多样性现状…………………………………（172）
  三 区域布局现状……………………………………………（173）
  四 不同类型高等职业院校的办学水平……………………（175）

第三节 省域高等职业教育发展中质量问题与质量保障需求……………………………………………………（175）
  一 发展水平与全国平均水平的差距明显…………………（176）
  二 不同区域、院校之间发展极不平衡……………………（177）
  三 办学资金来源单一，制约了高等职业院校发展………（178）
  四 高等职业教育融入产业的特色不明显…………………（179）
  五 教师队伍的"双师"素质培养与结构优化问题……………………………………………………（180）

本章小结……………………………………………………（182）

第七章　我国省域外部质量保障的分级体系建设……（184）

第一节　省域高等职业教育外部质量保障体系的建立……（184）
一　外部质量保障建设的历程……（185）
二　第三方专业化评估机构的建立……（187）
三　推出符合高等职业教育发展的省级特色评估制度……（188）

第二节　省域高等职业教育外部质量保障体系的运行……（188）
一　建设省级特色的外部质量保障制度……（189）
二　以专业评估来构建项目评估的外部质量保障体系……（190）

第三节　省域外部质量保障的分级体系建设……（191）
一　评估内容上，内涵与特色并重……（192）
二　评估方式上，体现分层分类评估……（193）
三　质量意识上，突出高校的主体地位……（193）
四　存在问题的归因分析……（194）

本章小结……（198）

第八章　完善我国高等职业教育外部质量保障体系的策略……（200）
一　外部质量保障体系要能适应现代职业教育发展要求……（200）
二　改变外部质量保障中的行政主导模式……（203）
三　完善省级第三方外部质量保障体系……（206）
四　构建专业认证的人才质量保障体系……（208）
五　发挥行业协会在高等职业教育外部质量保障中的作用……（213）

本章小结……（215）

第九章　构建适应未来需求的外部质量保障体系……………（217）
　　一　我国高等职业教育外部质量保障建设的
　　　　趋势性特点………………………………………（217）
　　二　质量保障的本地化特色与示范………………………（221）

参考文献………………………………………………………（223）

后　记…………………………………………………………（242）

引 言

高等职业教育外部质量保障体系建设是一个宏大命题。本书从高等职业教育发展的需求视角，对外部质量保障体系建设进行分析，建立了"有效性"和"适用性"的分析框架，探讨外部质量保障体系对高等职业教育发展的实效问题，以及保障体系对高等职业教育发展的适应问题。

进入21世纪，高等职业教育快速扩张，推进了我国高等教育大众化进程。要实现高等职业教育的高质量发展，需要建立外部质量保障机制。

外部质量保障是政府和高校以外的社会力量，对高等教育的发展走向进行主动干预，控制和保障高校的办学质量，主要功能体现为质量保障的"有效性"和"适应性"。"有效性"是在高等职业教育发展的不同阶段，外部质量保障已经形成的促进发展和提升质量的作用；"适应性"是针对我国高等职业教育发展的未来需求，对外部质量保障体系自身建设的不断完善和改进，以适应不断发生的变化，促进高等职业教育的可持续发展。这两方面内容构成了对"高等职业教育发展与外部质量保障关系""省级外部质量保障体系建设""适应现代高等职业教育发展的外部质量保障策略"等问题的分析框架。

高等职业教育发展是在不同阶段"量变"到"质变"的过程，

外部质量保障体系的建立，对于高等职业教育"规模与质量"的协调发展起到了关键性作用。首先，外部质量保障对高等职业院校的基本办学条件和管理规范性提出了明确要求，促进了地方政府、行业举办方等对高等职业教育的重视与投入，改善了高等职业院校的基础条件建设；其次，促进了高等职业院校教学中心地位的确立，通过专业、课程评估等，进一步加强了人才培养的过程管理；最后，增强了高等职业院校与当地行业的紧密联系，深化了"产教融合"的人才培养模式改革，提高了高等职业院校培养的高技能人才对产业发展的服务能力和人力资源保障水平。

政府主导、市场主导、学术主导是外部质量保障的三种典型模式，我国高等职业教育外部质量保障体系是"国家和地方分级管理"的政府主导型，采用了"国家统筹"与"地方主导"结合的质量保障运行模式。省级外部质量保障体系的建设决定了外部质量保障的"有效性"，而我国各省的外部质量保障体系建设还没有整体规划，各地方的重视程度和建设投入不足，影响了地区高等职业教育的均衡发展。制约外部质量保障体系建设的因素，还有各地的"第三方"机构建设滞后，地方政府在转变职能、下放权力过程中比较保守，影响了社会广泛参与外部质量保障的积极性。

我国建设"现代高等职业教育体系"的新目标，对外部质量保障的"适应性"提出了新要求。外部质量保障体系建设要适应教育系统以外行业和社会的外部需求，加强"第三方"机构的独立性和专业性建设，建立"多元价值共建""行业及社会广泛参与"的运行机制；此外，还要适应教育系统内部需求，构建与其他层次职业教育相协调，促进教师和学生个体发展，促进高等职业院校自主质量意识形成的外部质量保障体系。

外部质量保障体系"有效性"和"适应性"问题的提出，根本目的是促进高等职业教育的发展。首先，从现代高等职业教育发展的角度构建外部质量保障体系，应该加快外部质量保障的开放与合作，扩大跨境质量保障的对外开放，加强与产业行业的横向合作；其次，应该进一步落实"管办评"的运行机制，加强第三方评估机构的"独立性"与"专业化"建设；再次，应该在完善院校评估的基础上，拓展专业认证等项目质量保障，增强外部质量保障的灵活性；最后，应该加强对地方外部质量保障体系建设，更好地促进高等职业教育发展为地方服务。这些举措都是建设具有"中国特色"外部质量保障体系的重要途径。

第一章

绪　论

高等教育发展与质量保障有着密切的联系。高等教育发展往往首先反映在规模数量上，但最终会指向质量这一核心问题。从历史辩证的角度看，发展是一个逐渐趋于成熟和稳定的过程，也可将其视为一个不断消弭旧的问题和矛盾，产生新动力的演进过程。要实现这样的交迭更新，高等教育需要建立自我完善和修复的机制，质量保障体系就是这样一种机制。有效的质量保障体系能使高等教育改变诸多发展中的混乱现象，使发展回归正轨运行。本研究将围绕高等职业教育发展与质量保障的关系，尤其是外部质量保障如何作用其中，展开深入讨论。

第一节　问题的提出

2004年，我国开始了教育部统筹、各省自主实施的高等职业教育评估工作，我因为在云南省里负责高等教育评估的组织工作，所以参与了第一轮评估工作。当时，因为之前没有全国范围内开展高等职业院校评估的经验，教育部和各省都在摸索前行。为了听取各省的意见，也为了形成一定的共识，教育部组织了第一次高等职业评估专家培训班，在培训班里，我认为，大家对如何开展评估工作的意见分歧较大；有人认为，统一标准不能兼顾到不同地区和不同行业类型院校的特殊性；也有人认为，各省评估机构建设不完善，没有自行组织实施的能力和条件；还有人认为，评估指标体系中本科评估标准的痕迹明显，没有反映出高等职业教育的特点；等等。

这些意见反映出来的问题是我国高等职业教育外部质量保障的核心问题，此后开展的几轮评估工作都在围绕这些问题，不断地进行改进。

从2004年以后，研究者全程参与了我国高等职业教育评估的研究和实地评估工作。在第一轮评估中，受教育部师范司委托，负责研制了普通高等师范专科学校的分类评估方案；受教育部高等职业院校评估委员会委托，负责了全国高等职业院校评估的问卷调查系统研究。在研究过程中，研究者认为，第一轮评估还缺乏分类管理的顶层设计，不同高等职业院校在同一个指标体系下，很难体现出差异性。另外，是评估技术相对落后，不能通过数据分析技术解决评估中的信息采集问题，对学校海量的自评信息缺乏有效分类，而专家的评估工作与信息分析工作的结合也不够。此后，作为云南省高等教育评估中心的业务负责人，研究者研制了高等职业教育的"内涵评估""诊断与改进""特色评估"等方案，并作为专家到全国50多所高等职业院校进行实地评估，亲历了高等职业教育外部质量保障建设的曲折路程，也深刻地感受到评估对高等职业院校质量建设的重要作用。

可以说，我国高等职业教育在规模扩张、内涵建设、高等职业院校质量意识建设等方面，与评估工作的关系都非常密切。与此同时，作为一个研究者也意识到，我国高等职业教育的外部质量保障体系建设，还有很多体制和机制障碍，造成了外部质量保障的有效性不足。这些问题主要有：第一，政府的行政管理权下放不到位，制约了"第三方"评估机构的专业性建设；第二，评估标准更多是为了落实政府的管理要求，"外部"实施主体单一而对行业及社会参与的重视程度不够；第三，缺乏不同利益相关者的协调机制，没有形成高等职业教育的质量保障"共同体"，专家、学校、行业，以及其他评估的社会参与者之间，没有建立工作协调机制；第四，不同质量保障主体对高等职业教育质量"价值共建"的意识不强，各自都在开展外部质量保障工作，造成了"多头评估"现象，学校接受评估的负担较重，而影响了高等职业院校对质量的自主需求；第五，对于各省的高等职业教育外部质量保障体系建设，缺乏整体规划，也缺乏国家的有力指导，造成了各省外部质量保障水平差距较大，影响了地区的高等职业教育发展。

  20世纪80年代，对大学加强控制与让大学实行自治的主题充斥在政府与大学关系的争论中。大众化加快了现代大学建设的进程，现代大学拥有实用型知识的特点，要求其主动适应工业化发展和科技革命，传统大学中强调自由知识的权威性与大学管理的自治，已不适应社会对高等教育发展的时代要求。政府与大学之间建立了新的依存关系，新型大学的发展得到了政府的财政支持与保护；反过来，政府也依赖大学维持知识、文化等形成的国家竞争力，这被喻为一个"大科学与大政府的时代"[1]。争论之后的结果是政府加强了对大学的控制，"完全掌握在教授手中的权力"与"紧紧掌握在教育部长手里的权力"已悄然发生了变化，"权力中心已从最初的师生社群内部转移到外部"[2]。在权力结构的变化中，政府通过财政拨款以及外部质量保障等手段，将权力影响渗透到大

---

[1] ［英］杰勒德·德兰迪：《知识社会中的大学》，黄建如译，北京大学出版社2019年版，第79页。

[2] ［美］克拉克·科尔：《大学的功用》，陈学飞等译，江西教育出版社1993年版，第17页。

学内部事务中。

一般认为,高等教育的大众化使大学的质量问题更加突出,政府权力的干预也更加频繁,政府需要建立一套外部质量保障体系,对大学进行更为严格的质量监控。政府权力的影响来自各方面,克拉克·科尔在分析了英联邦国家、美国、德国、法国的政府干预大学模式后,认为政府的权力已成为一个"混杂的实体","政府的"包括教育部、拨款委员会、评议员等。

"政府主导"的质量保障模式在大众化初期阶段体现出了优势。政府作为外部质量保障主体,在质量保障过程中具有权力的强制性特点,打破了大学"象牙塔"的自主质量管理,建立起了有别于学术权威的行政权力模式,这对于形成质量管理的社会共识,扭转人们对高等教育质量要求的模糊性认识是有利的。但在新的质量保障权力结构上,政府更多地直接控制挤压了大学的办学自主权,也抑制了大学的灵活性和高等教育机构的多样性,对于形成社会广泛参与的质量文化是极其不利的,甚至让人们质疑质量保障的建立是出于"非质量"动机。马丁·特罗认为:"质量保障的出现并非由于高等教育存在严重问题,一些国家质量保障机构的设立,部分是因为政治原因,是高等教育在扩招与改革过程中要加强政府控制而导致的结果。"[1]

国家权力和政策影响驱动下而建立的外部质量保障体系,引起了我对研究问题的思考:外部质量保障体系的建立,是因为大众化的质量已下降到了政府"不得不管"的程度,还是因为政府要在大众化进程中控制高等教育发展走向,以满足国家未来发展的需求。这一问题的本质是,外部质量保障是政府的高等教育质量"改进机

---

[1] [美]约翰·布伦南、特拉·沙赫:《高等教育质量管理:一个关于高等院校评估和改革的国际性观点》,陆爱华等译,华东师范大学出版社2006年版,第35页。

制"还是"预防机制"。如果是前者,那么高等教育发展的质量要求是如何体现在外部质量保障的标准内容;如果是后者,那么政府的质量控制要求又如何影响了高等教育的发展。

这一问题线索对于分析我国外部质量保障如何促进高等教育发展是至关重要的。与其他国家不同的是,我国建立的外部质量保障体系是典型的国家驱动模式,是"预防"与"改进"双重机制在共同发挥作用;而英国、美国、法国、德国等最先建立外部质量保障的国家,则是由于高等教育已经历了相对充分的发展阶段,在质量问题严重威胁到大学生存地位时建立的。如此看来,对我国高等教育外部质量保障体系建设的研究,应该重点关注两个问题:一是高等教育快速发展过程中,外部质量保障体系的"预防"机制是如何促进高等教育质量与规模的同步发展的;二是外部质量保障体系如何反馈高等教育发展的阶段性问题,建立解决不同阶段发展问题的"改进"机制,这是外部质量保障体系自身建设与发展的问题。

我国高等职业教育外部质量保障的建设,除了上述的一般性问题以外,还有一些特殊问题是亟须解决的。由于国家和省级地方政府对高等职业教育的分级管理要求,加强省级的外部质量保障体系建设是实现分级管理的必然要求,也将有利于促进不同区域高等职业教育的多样化发展。此外,因为行业、企业是高等职业院校的主要举办方之一,在外部质量保障体系建设中,还必须关注行业和社会参与的广泛性问题。

第二节 研究意义

高等教育进入大众化阶段以后,世界各国都极为重视质量保障体系的建设,以期保证教育发展的方向和质量,同时,也重视质量保障的科学研究。尤其关注政府角色、教育公平、质量观、公众参与等问题，这些被认为是保障大众化教育质量的关键。

一　加强外部质量保障研究的迫切要求

高等教育大众化对大学的内部治理、教育教学等都有了不同的要求，而政府需要加强对教育的控制，社会也对高校的办学和育人质量提出了透明化要求。随着外部质量保障中的问题越来越突出，与之相关的研究焦点也越来越集中。对外部质量保障研究的重要性可以概括为四个方面：

一是精英教育到大众化教育。高等教育的公共事业属性将进一步凸显，政府作为公共管理的主体，其管理重心将前移，管理权限将下放，管理职能将转变，只有建立服务型政府，从立法、公共项目实施项目和监督框架上进行质量保障，才能释放高等教育大众化的活力。

二是高等教育的公平问题将进一步突出。这是先于质量问题而出现的，也是高等教育大众化最首要的问题，"人口增长与高等教育需求带来最明显的结果，并不是对教育质量的重视，而是对高等教育入学机会和公平的关注"[①]。公平问题不仅涉及入学机会均等，还关乎更多劳动者能接受到高质量的高等职业教育，这将改变现有的高等职业教育结构和高等职业院校布局，不同国家、地区的高等职业教育质量需要在一个质量标准框架下实现均衡和协调发展。

三是高等教育质量观将转变。高等职业教育发展对于我国实现高等教育大众化做出了巨大贡献，潘懋元先生在2000年就提出：

---

① ［美］V. S. 普拉萨德：《高等教育质量保障：发展中国家的视角和经验》，转引自［美］特伦斯·W. 拜高克尔、迪恩·E. 纽鲍尔《亚太地区高等教育：质量与公共利益》，杨光富等译，华东师范大学出版社2012年版，第95页。

"当前以及今后一个相当时期，中国高等教育的发展，应当以增加高等职业技术教育为主。"① 尊重高等院校类型的多样性，并研究人才质量的多样性，改变传统的价值观、人才观、质量观等，这就需要在质量保障体系上构建多层次、多类型的标准来体现高等职业教育质量的多样性。

四是社会参与程度将加深。高等教育的质量问题不再是高校内部关注的问题，也不是在教育系统内部就可以完全解决的，需要建立一个开放的质量保障体系，增强高等教育质量的透明度，也增进社会对教育的理解，在更广更深的社会参与过程中，谋求更加科学和有效的质量提升方案。

二 研究的理论意义

本书研究的问题切入点是高等职业教育快速发展中的外部质量保障体系建设，研究目的主要有：一是为我国高等职业教育的外部质量保障建设提供理论分析视角，尤其是面对高等职业教育发展基础薄弱的现状，我们应该如何借鉴、吸收国外的高等教育外部质量保障理论，建立适用于国情又有中国特色的理论体系；二是对我国高等职业教育外部质量保障的运行方式、影响因素、效果等进行实证的省思，为我国高等职业教育第四轮外部质量保障与评估制度的顶层设计，提供相关的研究依据；三是为完善我国省级地方外部质量保障体系建设，提供完整和有借鉴价值的案例素材。研究的理论价值和意义主要体现为以下两个方面：

（一）有助于深入认识我国高等职业教育发展与外部质量保障之间的关系

外部质量保障是高等教育发展的必然联系机制还是附属产物，

---

① 潘懋元：《高等教育大众化的教育质量观》，《中国高教研究》2000年第1期。

在学术理论界一直存有争议。"这一问题在激发起人们热情的同时，也引起几乎同等程度的怀疑。"[①] 支持者认为，这是高等教育的最重要变革；反对者则声称这破坏了大学私有的内部世界，破坏了学术自治的传统。

一个令人深思的现象是，德国的高等教育在世界占有极其重要的地位，一方面，其高等教育的深厚底蕴和传统诞生了诸多教育思想家和哲学家；另一方面，是让世人称道的工匠精神教育理念，其职业教育的"双元制"经验被世界各国效仿。德国职业教育的成功经验，固然有外部质量保障体系的作用，但主要是社会对职业教育极其重视，因为行业、企业的深度参与而促成了职业教育的发展。我国高等职业教育发展主要借鉴了德国的成功经验，外部质量保障体系建设则受到来自英、美等国质量保障理念的影响，德国的职业教育发展与英、美等国质量保障的兴起，有其特定的政治、经济和文化环境，以及不同的历史背景，都是在经历了几十年的发展以后才基本成熟。而我国几乎是 2000 年以后才实现了高等职业教育的规模化发展，才开始系统化地建设外部质量保障体系。现代高等职业教育的一些核心理念，例如，校企合作、双师教师、问题导向、任务驱动、职业能力要求等，都是通过教育评估中的具体标准来加以贯彻的，也是通过评估手段促进了对现代高等职业教育发展的一致认识。对于中国这样的发展中国家，如何将世界先进理念融入本国发展的实际需要，如何将科学研究与教育实践结合起来，是质量保障理论研究的首要任务，也是本书研究的理论意义所在。

[①] ［美］约翰·布伦南、特拉·沙赫：《高等教育质量管理：一个关于高等院校评估和改革的国际性观点》，陆爱华等译，华东师范大学出版社 2006 年版，第 1 页。

（二）有助于丰富具有中国特色的高等职业教育外部质量保障理论

我国高等职业教育发展的要求是快速且高质量的发展，建设现代高等职业教育体系将是一个长期的任务，而高质量发展的要求也需要有质量保障理论研究作为指导。在发展路径上，我国高等职业教育走过了一条与其他国家截然不同的道路，外部质量保障体系的建设，需要符合现代高等职业教育体系建设的要求，探索具有中国特色的高等职业教育外部质量保障理论。本书将进一步总结外部质量保障体系建设的历史经验，分析政府主导、社会广泛参与的独特运行机制，研究国家和省级外部质量保障体系的协调发展，教育系统内部与行业外部相结合的共同治理模式，丰富具有中国特色的高等职业教育外部质量保障理论。

三 研究的实践意义

研究的实践意义主要体现在：为推进我国高等职业教育第四轮外部质量保障提供依据，以及为各省完善外部质量保障体系提供指导。

（一）为推进我国第四轮高等职业教育外部质量保障提供依据

我国高等教育毛入学率在2019年将超过50%，将进入普及化阶段。高等职业教育发展不仅有全球化、一致性的特征，还会因为国家利益、地方保护等形成新的多样化、区域化发展特征。我国的高等职业教育发展在地区多样性和区域发展不均衡方面，问题尤为突出。从目前的外部质量保障体系看，国家统一和政府主导的特点较为明显，这对于高等职业教育发展的早期阶段是有积极意义的，既规范了教育教学的基本要求，也引导了高等职业院校按照现代职业教育发展的方向办学。但随着高等职业教育的发展，我国未来还需要构建区域特色、行业特色明显的现代高等职业教育体系，从而增强地区教育发展的活力和竞争力，以适应不同地区对高等职业人才培养的需求。可以预见，对于我国地域辽阔、行业需求有特殊性、区域发展不平衡的高等职业教育来说，区域化外部质量保障体系建设将成为未来发展的重要趋势之一。本书将重点分析我国外部质量保障存在的主要问题、原因以及对策，结合多样性与区域化高等职业教育发展的需求，为今后"第四轮"外部质量保障体系建设提供政策依据。

（二）为各省完善外部质量保障体系提供指导

我国对高等职业教育的纵向管理是国家和省级分级管理模式，在外部质量保障体系建设上也体现为国家与省级的不同重心。教育部负责对外部质量保障工作做出整体的部署，并制定统一的质量标准，建立全国的评估专家委员会，负责指导各省开展外部质量保障工作；而各个省、市、自治区则在国家的统一要求之下，根据各自高等职业教育发展水平及需要，补充和修订评估指标体系的"观测点"标准，并成立评估专家委员会审议结果，制定进校实地评估的实施工作方案，还可以适当调整评估的结论标准等。

由于在评估实施中的国家和省区分级管理要求，各省、市、自治区在前三轮评估中都建立了特色各异的实施办法和制度，使我国立体化的高等职业教育外部质量保障体系建设有了重要基础。2013年，教育部职业教育与成人教育司组建了"职业教育评估系统架构与高等职业院校下一轮评估实施方案的研究与实践"课题组，分赴云南、浙江、四川、黑龙江、湖南、河南六省进行实地调研，对631所已接受评估的高等职业院校、参评专家、组织实施机构、用人单位进行问卷调查，还对30个省、市、自治区评估工作进行材料调研。调研结果显示，"各省教育主管部门准确掌握了不同类型院校的发展状态和趋势，为科学、有序管理和指导提供了依据和支撑。各省依据高等职业院校发展的不同阶段，在推进第二轮评估中，形成了值得借鉴的做法和经验。"[①] 这些调研省份的实施办法与工作经验被作为典型案例进行全国推广，在省级外部质量保障体系建设上有一定的区域代表性。

本书选取云南省为研究个案，拟重点分析在我国高等职业教育发展过程中，省级地方外部质量保障体系在国家统一标准下的运行机制、效果、成因，以及未来的实施策略，为我国高等职业教育外部质量保障体系的立体化建设提供政策依据，也为各省自主建立外部质量保障体系建设提供相应的案例参照。

第三节　概念流变与理论分析视角

如果以时间维度划分，那么高等教育外部质量保障先后出现了四个概念，分别是：19世纪末期在美国推行的"专业认证"；20世纪初期在法国、美国兴起的"教育与心理测量"；20世纪30年代以后基于教育目标分类研究的"教育评估或评价"；20世纪80年代英国倡导的"质量保障"。这些概念的先后出现，并交替使用，表明外部质量保障作为政府对高等教育的管理手段，具有明显的阶段性特征，在不同时期有不同的重点和任务；同时，也反映出外部质量保障活动具有连续性，新概念意味着新的外部质量保障理念，是高等教育质量问题积累到一定程度之后，外部质量保障体系建设的不同阶段要求与新的解释方式。

一　基于"价值"学说的质量保障概念流变

从认证到测量、评估，再到质量保障，历史演进中不仅是对概

[①] 范国强等：《评估调研项目组：高职院校第二轮人才培养工作评估调研报告》，转引自王成方《高等职业院校人才培养工作评估回顾与展望》，高等教育出版社2014年版，第164—171页。

念认识的流变，也是高等教育质量管理理念和内容的再建构过程，对教育活动的"价值"探究始终贯穿质量认识的各个阶段。

"认证"模式将高等教育质量问题从大学内部的自我评价，延伸到专业层面的外部认可。"同行"学术评价有了组织化和标准化的新特征，"同行"不再局限于大学内部从事相同教学科研工作的范围，而是由专业化的协会组织认可，以及由专业学术标准可以辨识的专家开展评价。在认证领域，高等教育的质量不再是一个模糊不清的概念，而有了可操作化的具体标准，由专业的"同行"来做出价值判断。在认证模式里，认识和发现专业教学的教育"价值"是首要命题。

"教育测量"理论主张，教育"价值"的发现应该建立在"事实"的测量上。经验主义价值理论的基本逻辑："价值"是早已客观存在的，是"绝对的确定性"事实，发现"价值"其实就是认清事实。在这一理论指导下，寻求价值的确定性就是把握终极的实在世界，认清事实的客观性，事实是固定而统一的存在。对于教育价值的判断，教育测量提出了理论假设：如果测量工具是可靠的和有效的，那么通过测量可以呈现对象的事实属性，其价值分析也体现在确定性的事实中。因此，以测量为特征的教育评估又被称为"事实判断"。

"教育评估"则是20世纪40年代主要倡导的质量管理方式。以泰勒、布鲁姆等为代表的学派认为，由于没有可比较的参照系，事实判断对于教育质量的认识没有说服力，我们无法根据分数评定来认识教师教学的质量和学校办学的效果，唯有通过对教育教学目标的比较，测量结果才有意义。他们认为，教育测量所完成的学生成绩评定，仅呈现了教育的结果事实，而产生结果的过程并未得到有效分析，教育质量应该是一个结果与目标比较的过程，教育评价或评估应在事实判断基础上实现"价值判断"。新的理论假设是：

只有建立明确的教育目标，学生能力测评和分数评定等结果才有意义，只有明确了参照标准，教育评估才能进行有效的价值判断。

"质量保障"兴起于20世纪80年代，是借鉴了社会学、经济学、管理学中的新公共管理、市场自由化、学术资本、利益相关者等理论，产生的多学科交叉的质量管理理论。该理论强调，质量保障不仅要通过测量、评估等来衡量和鉴定"价值"，还应该在教育过程中，通过有效介入来创造更多的价值，尤其应该将政府的管理要求、社会的需求通过质量保障的标准传递给大学，在"事前"和"事中"对高等教育预期质量做出反应，协调各利益相关主体，建构和创造新的价值和质量文化。

在质量保障理论出现以前，以测量和评估为主的质量管理中有几个重要特点和倾向：一是倾向于技术至上，教育测量对工具的科学性做出了严格规定，而教育评估要求有充分的调查；二是倾向于结果明确，追求一个确定的结果几乎是评估的根本任务；三是倾向于过程衔接，从目标开始至产生结果，要求有一个完整的，而且相互关联的评估过程；四是倾向于评判权威，评价者对被评价者的价值判断具有至高权威，在评估过程中是不对等关系；五是倾向于事后判断。可以说，质量保障概念的出现，更加突出了在高等教育质量管理中要综合运用方法，实现质量保障的提前预防与事后改进，以及要实现不同利益相关者的"价值共建"，这是对以往技术至上论和权威至高论的纠偏和矫正。

纵览外部质量保障概念的流变，可以看出，质量保障或评估正在创设价值判断的问题情景：教育质量依附的载体在哪，描述质量的事实特征是什么，如何进行价值判断？围绕"价值"展开的教育测量与评估，其理论建构的线索依次为：价值发现—价值描述—价值判断—价值共建。

二 概念界定与研究范围

本书研究的核心概念有"高等职业教育"和"外部质量保障"。我国高等职业教育的概念内涵不同于西方国家的"职业与技术教育、培训",是以培养高素质的技术技能型专门人才为主要任务,以学历教育为主的高等教育特殊类型,这是具有中国特色的概念。而外部质量保障的概念内涵则具有普遍性,各个国家都将其视为是来自高校以外的高等教育质量管理方法。

(一)高等职业教育

高等职业教育在国际上是一个与学校分类标准有关的概念,重点内容突出了职业技术教育与培训的特殊性。在联合国教科文组织的《职业技术教育与培训(TVET)战略(2016—2021年)》中,将职业技术教育与培训定位为:"促进公平、社会正义、终身学习和可持续发展的一条学习途径。"[1] 潘懋元教授参照联合国教科文组织"国际教育标准分类法",将我国高校分为学术型大学、应用型本科高校和职业技术高校,高职高专院校相当于国际教育标准分类中的第三级教育 5B 类型。[2] 我国"高等职业教育"概念中的"职业教育"是一种特殊形式的专业教育,是相对于"普通教育"而言的。它包括职业教育和技术教育两种形式,本书研究中指称的"高等职业教育"实质上是"高等职业技术教育"。

2019 年 6 月,教育部试点建设本科层次高等职业教育,为 15 所试点学校颁发了办学许可证,这是我国建设立体的高等职业教育体系,推动高等职业教育高质量发展、探索现代职业教育发展所迈

---

[1] 《联合国教科文组织职业技术教育与培训战略(2016—2021 年)》,https://unesdoc.unesco.org/in/document viewer,March 9,2017。

[2] 潘懋元、董立平:《关于高等学校分类、定位、特色发展的探讨》,《教育研究》2009 年第 2 期。

出的重要一步。高等职业教育作为教育类型，在概念形成、发展理念和实践上正在与世界接轨。

我国高等职业技术教育的管理归口不同，从事职业学历教育的是高等职业院校和高等专科学校，归口教育主管部门管理；从事技术资格证书教育的是高级技工学校和技师学院，归口人力资源保障部门管理。本书研究中的"高等职业教育"（简称"高等职业教育"），是指依托高等职业院校和高等专科学校，以培养高素质、技术技能型专门人才为主要任务，实施高等职业教育的全日制学历教育，不包括成人教育、继续教育、远程教育，以及五年制大专的中职阶段教育。据此，本书研究的范围主要是围绕教育部门主管的高等职业教育，对发展过程、问题、原因等做出的相关分析。

（二）外部质量保障

质量保障是高等教育管理的概念，这一概念与高等教育的"质量"概念相关，"质量"是一个不确定且有争议的概念。在高等教育领域，哈维将质量定义为名词、形容词和动词这样三种形态：名词是指"某人、集体、对象、行动、过程或组织的本质"，形容词是"意味着高的等级或高的地位"，动词是"高等教育中的质量评估过程"。[①] 质量保障更多地表现为以质量提升而构建的保障机制，是依托特定机构和专门化制度建立的动态管理过程。Vlasceanu，Grunberg 和 Parlea 教授给出的定义是："质量保障是对高等院校或者教育项目持续不断地开展评估，监控，保证，维持和提高的过程。"[②] 在很多定义中，质量保障和"评估"或"审核"是同义词，它更加强调在评估中通过建议的方式来提高教育质量。"是一种包

[①] Harvey, L., "Analytic Quality Glossary, Quality Research International", *Quality Research International*, http://www.qualityresearchinternational.com/glossary, Oct 31, 2011.

[②] Vlasceanu, L. Grunberg, L. Parlea, D., *Quality Assurance and accreditation: A glossary of basic terms and definitions*, Bucharest: UNESCO – CEPES, 2004.

罗万象的形式，涉及不断的持续的评估过程（评估，监控，保证，维持和提高）以及教育系统的质量机构。"[1]

由于质量保障活动的发起人、组织方式、标准等不同，质量保障体系具有外部和内部不同的体系特征。外部质量保障是来自高等教育外部的质量调节机制，既关注高等教育的责任、提高和信息透明化，也重视通过建立质量标准来促进高等教育管理的一致性和连续性。"更多地使用评估或审核的术语，表明了来自外部力量对高等教育学校或教育项目进行评估的真正过程，其目的是提升高等教育的质量。"[2]

（三）外部质量保障体系

外部质量保障体系是高校外部的质量保障活动系统化集成，主要包括外部质量保障机构、制度、程序、方法、标准等构成要素，以及连接要素的运行机制。本书认为，高等职业教育外部质量保障体系是在高等职业院校（含普通高等专科学校）办学过程中，由政府的教育主管部门与相关执行机构，通过建立管理制度、设定内容标准、规定实施程序等方式，对高等职业教育的教学质量开展的评估、状态监测、教育项目认证等活动，以促使高等职业院校人才培养质量的持续提高。

由于我国高等职业教育外部质量保障的主要方式是政府开展的人才培养工作评估，因此，研究范围将以人才培养工作评估为重点，讨论2004年高等职业教育开展第一轮评估以后，国家和省级地方政府的外部质量保障体系建设问题，不涉及职业教育协会、媒体、研究机构等开展的资格认定、排名等。

---

[1] *Quality Assurance Glosary*, http：//www.tempus-lb.org/sites/default/files/leaflet2_Quality_Assurance. August 29, 2018.

[2] Vlasceanu, L., Grunberg, L., Parlea, D., *Quality Assurance and Accreditation: A Glossary of Basic Terms and Definitions*, UNESCO-CEPES, 2004, pp. 48-49.

三 理论分析框架与视角

从价值哲学去审视质量保障理论的发展，价值二元论是一个重要视角。在二元论认识中，客观的事实存在与主观的价值判断是彼此独立又平行存在，两者不可相互还原或派生。

评估常被定义为"价值判断"的过程，最终要形成确定的优劣结果。在很长一段时期内，人们坚信只要将客观事实调查清楚，假以对标准的设定，就能够对教育的质量做出令人信服的评估和判断。然而，"事实"与"价值""客观"与"主观"所形成的二元对立，却一直是高等教育评估难以调和的矛盾。例如，评估者与被评估者的对立，学校自评与外部评估的不协调，教育教学的事实与价值判断的结论不一致，实证评价与经验评判方法是并行的，以及大学内部的质量观与社会公众的质量预期的落差，等等。托马斯·库恩在研究科学革命和范式时曾经提出，学科发展的早期或者新理论的产生，总是因为社会需求的社会价值所决定。当学科渐趋成熟的时候，"所研究问题不再由外部社会提出，而是产生于内部挑战"[1]。质量保障理论的出现，一个重要原因是需要新的理论用来指导、解释和解决"价值判断"问题。

质量管理的理论建构是一个连续过程，质量保障并没有创造一个全新领域，在方法上仍然沿用了测量、评估等，但在"价值"理论上却有了新的界说。杜威对于古典哲学价值二元论下，评估能否将事实判断提升到价值判断提出了质疑，认为"价值"具有"好"和"正确"的意义[2]。"好"的意义上，与促进、推动活动进程相联系，"正确"的意义上，与维持活动进程的需要相联系。而评估

---

[1] [美]托马斯·库恩：《必要的张力》，范岱年等译，北京大学出版社2004年版，第119页。

[2] [美]约翰·杜威：《评价理论》，冯平译，上海译文出版社2007年版，第66页。

仅仅是价值的事后描述、列举和分类，并未体现出评估的"创造性"功能。他称之为"评估的判断"，认为评估不仅有价值描述功能，还有价值创造功能，即评估尚未存在的价值，或使这些价值产生。①

杜威构建的以"评估判断"为核心的实验经验主义价值哲学，颠覆了事实与价值的二元划分，倡导"价值"融合与再创造，这一思想与现代质量保障理念的初衷极其相似，也为本书研究提供了思想启迪。为此，本书选择20世纪80年代美国学者埃贡·G. 古贝（Egon. G. Guba）伊冯娜·S. 林肯（Yvonna S. Lincoln）提出的"第四代评估"作为分析理论，这是以"价值共建"为核心的评估理论体系，系统阐述了尊重多元主体的价值理论，主要思想是"共同建构""多元价值""全面参与"。第四代评估倡导："评估意图不是为了证明，而是为了改进；评估的方向是面向未来；评估主体是多元的、平等的、参与并合作；评估关系是平等协商；评估结果是形成共同的价值认同"。②

"价值共建"使20世纪80年代兴起的质量保障有了新的特征，价值共建理念的意义在于使评估者与被评估者、认证者与被认证者、审核者与被审核者之间结成了新的关系，它们之间不再是监督者与被监督者、问责与被问责的关系，而是共同为质量改进而努力，发挥各自的主体作用和优势，使高等教育实现价值增值。价值共建改变了评估标准的建立模式，不再是政府、评估机构等根据自己的意愿而建立，在过程中要广泛听取和融入各利益相关者的价值追求和内容标准，最终在标准中体现更多的质量要求；价值共建还改变了评估的"主体"与"客体"关系，在评估过程中逐渐消除

---

① ［美］约翰·杜威：《评价理论》，冯平译，上海译文出版社2007年版，第104页.
② 刘康宁：《"第四代"评估对我国高等教育外部质量保障的启示》，《国家教育行政学院学报》2010年第9期。

主导地位与从属地位的差异，主客体之间通过协商、共谋发展的机制，形成了对高等教育质量建设的"质量共同体"；这些变化还使人们对评估结果的认识更加理性，也能更充分地利用评估结果提升和改进高等教育质量。总之，价值共建理念使得评估的"鉴定"功能得到进一步拓展，使评估主体之间的关系更加紧密，在结果应用上不再那么功利，促进了人们对高等教育质量过程建设的重视。价值共建不仅实现了高等教育的显性价值增值，还实现了隐性价值的附加值增值。

一些学者认识到，传统的教育测量与评估所发挥的主要功能是事实调查与质量鉴定，更多地关注评估结果的产生与运用，而忽略了产生结果的过程，也没有在过程中通过有效介入来实现价值的再创造。新的质量保障理论提出的质量假设是：外部质量保障活动可以改变质量形成的既定轨迹，既要保障基本的质量要求，又要在过程中起到提升或促进作用；通过利益相关者的价值共建，可以使外部质量保障活动更能符合多数人对高等教育质量的追求。因为质量保障由"多元价值"构成这一思想的影响，外部质量保障基于政府绩效核定要求产生了"审核制"，基于专业协会的标准要求形成了"认证制"，基于多元价值协调与公平提出了"第三方"机构理念、提出了"利益相关者"概念，还提出了评估中主客体的"平等地位"，共谋发展等要求。外部质量保障从以往评估结果的"裁判员"角色转变为评估过程中的"领跑者和助跑者"，这些理论、思想对于分析我国高等职业教育发展中外部质量保障体系建设，提供了合理的问题分析理论视角。

第四节　研究内容与方法

本书研究将重点分析三个问题：一是作为一项制度设计，质量保障如何适应中国大力发展高等职业教育发展的要求,实施相关的质量评估与监控,在保障过程中,是否已达到促进高等职业教育发展的预设目标;二是在不同地区高等职业教育发展的多样性背景下,如何建立中央和地方分级管理,政府与社会共同治理的外部质量保障体系,省级外部质量保障应该如何发挥作用;三是为了适应我国的现代高等职业教育体系的建设,如何建设更加有效的外部质量质量保障体系。

一 研究内容

基于以上问题,本书研究将围绕"高等职业教育发展与外部质量保障建设的现状""我国外部质量保障运行的有效性""省域高等职业教育发展与外部质量保障体系建设的案例分析""完善外部质量保障的策略"等内容展开。

(一) 我国高等职业教育发展与外部质量保障体系建设现状

我国高等职业教育按照现代职业教育理念与要求的发展历程,始于20世界80年代,重要标志是国家在顶层制度设计上,借鉴了德国"双元制"的世界先进经验,初步建立了适合中国国情的高等职业教育体系。虽然起步相对晚,但发展速度较快,近20年我国高等职业教育实现了规模的快速扩张与质量的同步提升,在高等教育大众化进程中做出了重要贡献。本书将对我国高等职业教育发展的兴起、扩张、内涵建设问题进行研究,同时在高等职业教育发展的背景下,探讨外部质量保障体系的建立与运行状态。

(二) 高等职业教育外部质量保障体系的有效性

在高等职业教育外部质量保障体系建设中,管理层在不断总结和反思有效性问题,而社会舆论对高等职业院校评估工作也是褒贬不一。本书将采用实证研究的方式,对外部质量保障活动的主要利益相关者——高等职业院校教师和教育评估专家开展问卷调查,从外部质量保障长效机制建设的角度，探讨外部质量保障运行机制、标准导向、组织机构建设等实效性问题。通过评估专家和高校教师对外部质量保障活动有效性的主观态度分析，从"教育评估的独立客观性、评估标准的制定、评估组织机构的可持续发展、评估对促进质量的有效性、评估对改进个人职业发展"五个维度，分析高等职业教育外部质量保障建设的问题、成因及未来发展的方向。

（三）省域高等职业教育发展与外部质量保障体系建设的案例分析

当前，各省高等职业教育发展呈现出差别化的特征，由于省域高等职业教育的发展基础和外部的产业发展环境不同，各省的高等职业教育发展水平也有较大差距，这带来了不同省域高等职业教育发展的多样化需求。在此背景下，地方的外部质量保障体系建设需要和国家宏观层面的外部质量保障形成互补，促进高等职业教育发展的区域均衡化。本书以云南省为案例，主要研究在国家大力发展高等职业教育的背景下，地处边疆、职业教育理念相对落后、基础薄弱的省区，如何加强外部质量保障体系的组织机构建设、标准建设、运行机制等问题，为高等职业教育发展欠发达地区提供案例参照，也为我国构建"立体化"的外部质量保障体系，促进国家与省级外部质量保障的协调发展提供案例研究素材。

（四）完善我国高等职业教育外部质量保障体系的策略

我国高等职业教育外部质量保障体系在高等职业教育发展的规模扩张、内涵建设、促进内部质量保障体系建设的不同阶段都实现了相应的目标。当前，高等职业教育发展面临着新的发展任务，主要有：一是要建设能够与其他层次职业教育协调发展，适应国家经济社会发展新要求的现代高等职业教育体系；二是2019年以后将开始实施新一轮的大规模扩招，要求各省要对高等职业院校布局和结构进行新的调整和优化，各学校要提升人才培养质量，改革教学内容和教学方式，以满足新的生源学生对技能学习的要求。为此，针对前三轮高等职业教育外部质量保障体系建设中存在的问题，以及未来对高等职业教育发展的质量保障新要求，将重点讨论外部质量保障体系建设的机构、制度、方法，以及运行机制建设等方面的相应策略。

二　研究思路

本书研究的主题为"高等职业教育外部质量保障体系建设"，外部质量保障是顺应高等教育大众化和全球化而兴起的质量管理机制，在我国有规模扩张与内涵建设同步建设的特殊需求。外部质量保障体系建设的主要问题有在高等职业教育规模与内涵发展的不同阶段，外部质量保障体系如何通过不同模式去实现"有效地"保障？如何适应建设现代高等职业教育体系的发展需求，建设具有"中国特色"的外部质量保障体系？

对问题研究一般遵循两种途径：一种是理论演绎。根据经典理论先建立理论假设，理论假设后形成问题线索，通过对现实问题的具体分析来证明理论假设的可能性，即"证实"或"证伪"，继而对已有理论进行再构，其基本思路是：理论框架—假设—证明—理论再构。另一种是理论归纳。研究的起点是问题现象，通过数据和案例分析，借助理论分析视角对问题产生的环境、具体表现等进行归因分析，归纳出一般性规律，继而提出解决问题的策略，其思路是：现象—问题分析—归因分析—解决策略。本书更倾向于后者，通过对高等职业教育发展中的问题分析，探究对外部质量保障的需求，进一步描述外部质量保障的建立与运行状况，辅之以案例进行一般规律性和特殊性问题的交叉、归纳分析，最后提出解决问题的策略。本书研究思路框架如图1—1所示。

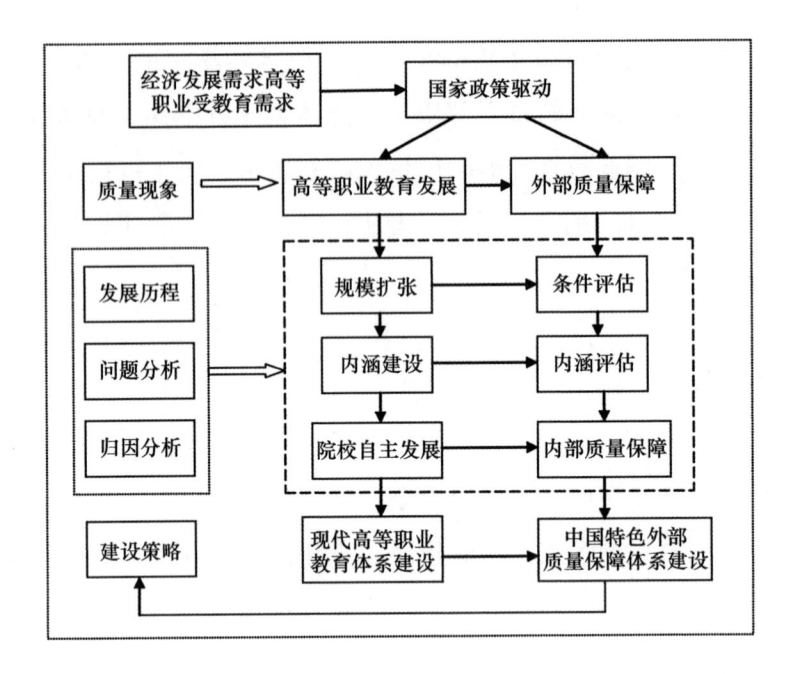

图1—1 研究思路框架

三 研究方法

本书主要运用了定量和定性的混合研究（mixed research）策略，在具体研究方法上主要采用文献研究、实证调查、个案研究的方法，借助多学科、多视角对研究问题进行分析。主要参考的方法工具书有梅瑞迪斯·高尔等著的《教育研究方法》（第六版）[1]、伯克·约翰逊等著的《教育研究：定量、定性和混合方法》[2]，以及教育统计与SPSS的相关工具书。

（一）文献研究法

文献研究是对外部质量保障研究进行"聚焦问题、描述现状"，外部质量保障理论是建立在前人研究、理论历史发展、他国经验和

---

[1] ［美］梅瑞迪斯·高尔等：《教育研究方法》，徐文彬等译，北京大学出版社2016年第六版，第1页。

[2] ［美］伯克·约翰逊：《教育研究：定量、定性和混合方法》，马健生等译，重庆大学出版社2015年版，第9页。

本国实践基础上的，对理论的梳理是为了探讨本国问题与建设具有中国特色外部质量保障体系而服务。因而，本书没有对理体系论进行一般性概述，而是重点综述了高等职业教育发展对质量保障的需求、外部质量保障机构建设、第三方与同行评估，以及外部质量保障的地区多样化等研究观点，以便对我国外部质量保障建设的历史发展、未来走向研究有更为清晰的问题聚焦。文献研究还借助文学研究中的内容分析方式对一些文本信息，例如：国家和省级政府、教育主管部门公开发布的政策、制度、公报等，以及高等职业院校自评报告、质量报告、发展规划等，进行高等职业教育发展的关键词频分析、制度理论分析等，以此来分析高等职业教育发展的规律性问题，以及外部质量保障的制度建设等问题。

(二) 实证调查法

本书选择高等职业院校教师和管理人员，以及部分高等职业评估专家、评估机构代表等作为研究对象，进行了相关问题的问卷调查，重点分析了高等职业教育外部质量保障体系建设的"有效性"问题。在研究过程中，得到了中国职教学会高等职业教育质量保障与评估研究会，教育部职教中心研究所的支持，对来自全国多个省区的104位评估专家进行了现场问卷调查；对福建、重庆、云南、广东四个省市的10所高等职业院校教师和管理人员进行了调查，并对部分对象进行个别访谈。共发放和回收有效问卷631份，回收率100%。数据统计分析采用SPSS17.0统计软件，对问卷进行了整理、编号、录入、分析等，主要的统计方法有描述性统计、列联表分析、方差检验等。

(三) 个案研究法

为了进一步分析我国高等职业教育外部质量保障建设的地区差异，也为了从省级的微观层面解析外部质量保障的运行机制，本书选取了云南省作为研究个案，分析了地区高等职业教育发展的状况、问题及成因，并进一步探讨外部质量保障促进高等职业教育发展的有效性。云南省是较早开展高等职业教育外部质量保障的省份，在教育部统一实施第一轮评估之前，就开始探索地区的外部质量保障体系建设。1998年开展了省内高校的教务管理工作评估，1999年开展了专业设置与建设评估，2000年又实施了高等职业院校的专业办学资质评估。此外，还在全国最早建立了依托大学的有独立法人资质、专业化的评估机构，作为省级高等职业教育外部质量保障的机构，完整地组织实施了高等职业教育的多轮评估工作。研究个案具有一定的区域代表性，云南省在"第三方"外部质量保障机构建设、分类评估管理、区域特色评估制度建设等方面进行不断地实践探索，有助于研究高等职业教育的国家和地方分级管理模式。

第二章

高等职业教育外部质量保障研究的历史演进与现状

质量保障作为高等教育管理的一项重要变革,源自全世界的发达国家和发展中国家的高等教育扩招,不同国家高等教育发展的多样化、全球化正在广泛地影响高等教育,并对高等教育管理带来了新的挑战。尤其是各国在大众化进程中都不同程度地出现经费紧张的情况后,如何更好地促进质量标准的建立与教育教学质量的稳步提升,就需要在外部质量保障体系的建设方面有所变革,这衍生了高等教育外部质量保障新领域的理论研究。

第一节 研究文献的检索统计分析

本书以"质量保障"为关键词,关联了"高等教育""高等职业教育"进行词频检索与统计,并以 2000 年至 2020 年为时间区间,进行了年份和词频的交叉分析。

一 国内高等教育质量保障研究的词频分析

从中国知网 Cnki 数据库的论文关键词搜索发现:国内期刊发表的关于"教育质量保障"相关文献研究中,内容主要集中于

"质量保障""教学质量""质量保障体系""高等教育""保障体系"等关键词或领域。

（一）质量保障研究呈热点分散、逐年上升趋势

关于教育质量保障问题的研究，目前较多地集中于高等教育领域，这与教育质量保障问题源自高等教育领域的西方理论研究历史是一致的。同时我国在质量保障研究的问题热点相对突出也相对分散（见图2—1），各个问题域都有相当数量的研究。

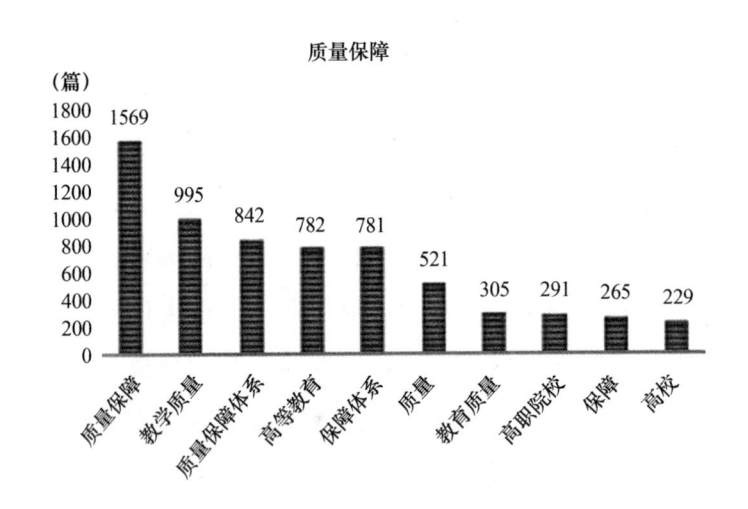

质量保障

（篇）
关键词	数量
质量保障	1569
教学质量	995
质量保障体系	842
高等教育	782
保障体系	781
质量	521
教育质量	305
高职院校	291
保障	265
高校	229

图2—1 质量保障研究热点词频（2018年）

从相关文献的年度数量看，质量保障研究呈逐年上升趋势。虽然质量保障理论研究在西方质量管理领域已趋于成熟，但作为我国从外引入的一项制度，在理念和实践上都还有很大的问题研究空间，因此，在问题研究文献上也呈现出上升趋势。

一个研究领域的理论体系成熟，总是会经历一开始的数量爆发，但主题分散、热点突出的早期阶段，然后再呈现数量趋于稳定，主题相对集中的学术聚焦的成熟期。国内的文献数量趋势表明，对具有中国特色的高等教育外部质量保障理论体系研究还处于

初始阶段，研究主题比较分散，且热点问题的转换很快，缺少系统化和有连续性的理论体系研究。图2—1数据显示，在高等教育"质量"相关的研究主题中"质量保障"问题的研究是一个持续的热点，主要是因为教育部于2013年12月颁布了"本科教学审核评估"方案，在我国高校评估制度中引入了质量保障概念和"审核"制，国家对外部质量保障的改革引起了学术界对此问题的高度关注。

（二）高等职业院校成为外部质量保障研究的特定对象

在关键词的词频分析中，2015年以后，"高等职业院校"作为特定研究对象出现了高频研究的现象。长期以来，我国高等职业教育的质量保障是"人才培养工作评估"，是以规范办学和促进内涵建设为目的，以政府的外部评估为主的。2015年教育部出台了"高等职业院校内部质量保证体系的诊断与改进"制度，全面引入了质量保障理念，首次明确了外部质量保障与内部质量保障的各自侧重点和关系，并在工作机制上提出了新要求，"质量保证"替代了以往"评估"的提法。正因为在高等职业教育发展中，国家政策明确提出了高等职业院校要建立内部的质量保障体系，对高等职业院校质量保障问题的理论研究也逐渐增多，并成为高等职业教育院校研究的一个热点。

这样的变化体现在了研究文献的关键词频数量中，近年来，以高等职业院校为对象的质量保障或质量保证研究文献有291篇，作为特定的院校研究对象受到了学术研究者的高度重视。

（三）质量保障是高等职业教育发展问题研究的次领域

以"高等职业教育"作为关键词进行文献检索，可以看出目前的研究主题呈多样化，主要有"对策研究""校企合作""人才培养""发展问题研究""改革研究"。（见图2—2）

我国高等职业教育发展较快，与普通本科教育的发展驱动方式

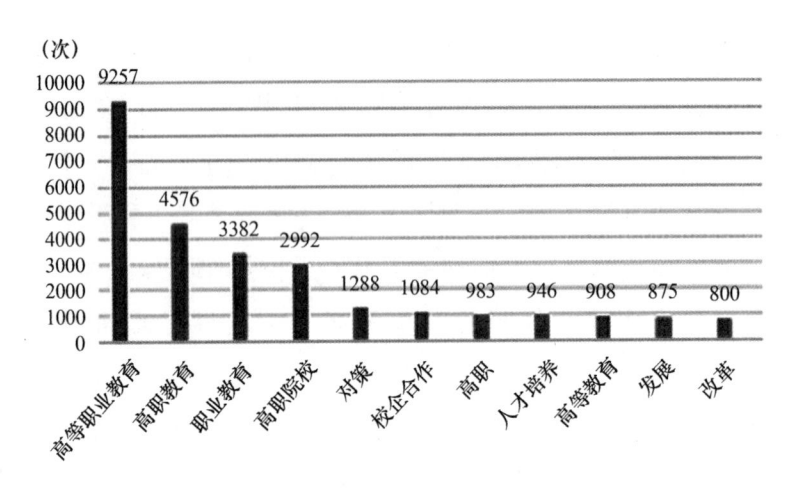

图 2—2　高等职业教育研究热点词频

有所不同，高等职业教育是"外力牵引型"的发展。进入新世纪以来，国务院先后召开了三次规格和规模较高的全国职业教育工作会议，高等职业教育受到了党和国家的高度重视，在各级党委和政府工作中摆在了突出位置。每次会议都传递了国家对职业教育发展的时代要求，2002年第一次职业教育会议将职业教育发展确立为国家战略，提出了要"大力推进职业教育改革与发展"的战略规划；2005年第二次会议明确了"大力发展职业教育"的战略要求；2014年第三次职教会议以后，又明确了"加快发展现代职业教育"的战略部署，提出要培养"数以亿计的高素质劳动者和技术技能人才"的战略任务。研究文献的词频也反映出，高等职业教育研究领域中的"发展""改革""对策"研究热点持续，数量也较多。

与高等职业教育的"发展""改革"研究相比较，质量保障研究还没有得到足够重视，高等职业院校作为研究对象已经逐渐在质量保障研究领域受到关注，但在高等职业教育研究中，人才培养、发展与改革、校企合作等问题仍是当前研究的内容焦点，而质量保障还未引起足够重视。这足以说明，只有高等教育发展的基本问题逐渐得到解决以后，质量保障研究才会置于一个相对重要的位置。

国际上,质量保障是高等教育发展问题研究的次领域,是在发展过程中的问题积累到一定程度以后,兴起的一个新研究领域。

(四)外部质量保障研究的国际视野

检索"外部质量保障"的研究文献发现:对于外部质量保障的研究,主要集中在"质量保障""高等教育""保障体系"内容上,这三个词语成为出现频率最高的关键词。"保障体系"建设成为高等教育外部质量保障研究的核心内容,同时,在国际比较研究上形成了英国、德国、日本等国别的研究热点。

图2—3的结果显示,在高等教育外部质量保障的国别研究中,最受到重视的是英国质量保障比较研究,英国作为最早推行高等教育外部质量保障政策的国家,其形成的政府主导的外部质量保障模式在全球影响广泛。图2—4结果显示,在高等职业教育外部质量保障的比较研究中,"德国研究"是当前的研究热点。

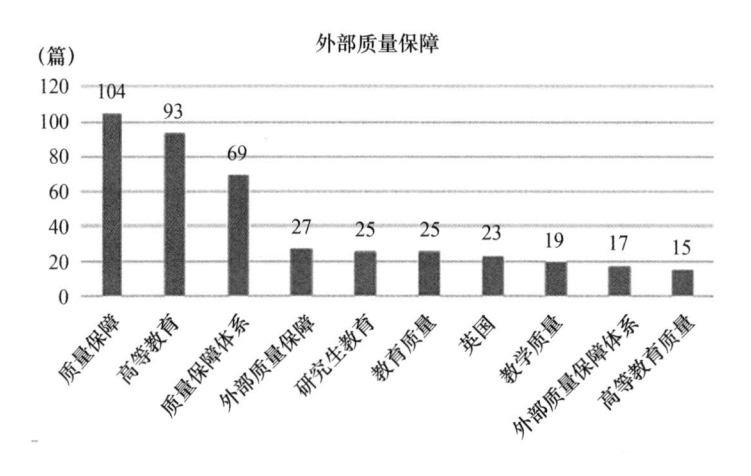

图2—3 外部质量保障研究热点词频

由于在我国高等教育外部质量保障体系建设过程中,学习借鉴了西方国家相对成熟的经验模式,因此,在研究内容上也体现出一

高等职业教育外部质量保障

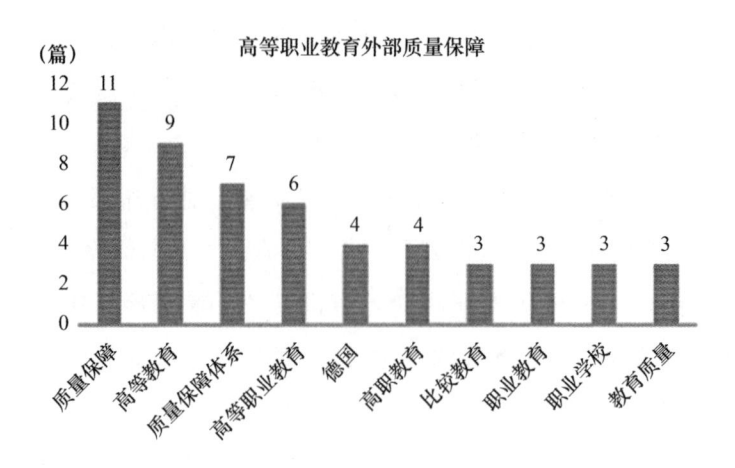

词	频(篇)
质量保障	11
高等教育	9
质量保障体系	7
高等职业教育	6
德国	4
高职教育	4
比较教育	3
职业教育	3
职业学校	3
教育质量	3

图 2—4　高等职业外部质量保障研究热点词频

定的国际视野。我国在高等职业教育发展中主要是借鉴德国经验，1983 年，在教育部和德国基金会支持下，中德职业教育开启了正式合作，随着经贸、技术领域的进一步合作，我国高等职业教育也搭上了快车道，有了较高的发展起点。[①] 德国的职业教育发展有特定的产业背景与文化传统，并没有积累起与职业教育发展相适应的外部质量保障经验，因此，我国在高等职业教育外部质量保障体系的建设上，主要学习了英国和美国的理论和模式，也产出了一大批理论性和普适性的研究成果。此外，除了国别研究以外，我国学者还针对欧洲一些质量协会的标准进行了相关研究，例如，欧洲管理基金会（European Foundation for Quality Management，EFQM）建立的质量管理模型；多种因素交织在一起，再加上中国高等职业教育发展的特殊背景，外部质量保障研究呈现出"国际视野下中国问题特色研究"的多样化特征与趋势。

---

① 姜大源主编：《当代德国职业教育主流教学思想研究》，清华大学出版社 2007 年版，第 2 页。

（五）高等职业教育外部质量保障"共治、新农村"等特殊问题域

世界各国的高等职业教育发展并没有建立起统一的模式，这是因为各国的产业环境、政府治理方式、社会对产业技术技能型人才需求的差异所致。不同的国家发展模式，导致了外部质量保障研究的问题范围和重点也不尽相同。

从图2—5"2014—2018年度与热点词频交叉分析"发现，我国高等职业教育外部质量保障研究的中国特殊性问题主要有：（1）政府治理研究，"政府监管""共治""地方政府"等都有了一些专门化的问题研究。（2）国别比较研究，高等职业教育领域的外部质量保障更多地关注了与德国和日本的比较与启示。（3）校企合作与企业管理模型研究，借鉴了欧洲的企业管理EFQM模型，探索高等职业院校的校企合作管理。有研究表明，高等教育由于人才培养不同于产品生产，企业管理模式并不适用于大学管理，以全面

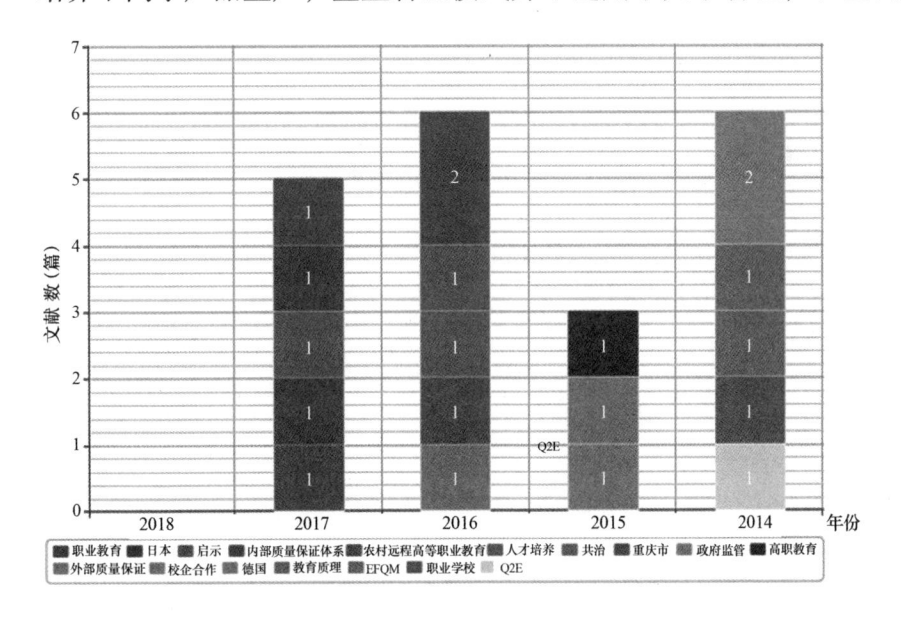

图2—5 高等职业外部质量保障年度与热点交叉分析图

质量管理模型为例,"就全面质量管理来说,由于其概念含混、与学术文化的冲突、未能聚集于核心领域而被边缘化等原因,成为一种高等教育质量管理的过去时尚"①。考虑到我国高等职业教育在办学过程中有行业、企业深度参与的特殊性,借鉴企业的质量管理对外部保障研究仍然有其积极意义。(4)农村与远程质量保障研究,我国的劳动力人口主要分布在农村,在国家的"新农村"建设和"乡村教育振兴计划"中,高等职业教育发挥了不可替代作用,外部质量保障也体现出这一特殊问题的研究内容。

二 国外期刊的研究文献统计分析

通过对全国图书馆参考咨询联盟数据库②的 2000 年至 2018 年英文期刊文献检索,可以看出,国外期刊的外部质量保障出现了不同阶段的数量变化趋势。

(一) 国外的外部质量保障研究趋于主题集中与数量稳定

国外的高等教育外部质量保障研究集中出现在 20 世纪 80 年代中期至 20 世纪末期,著名教育评估学家斯塔弗尔比姆将这一时期划分为"扩展与整合时期"。他将评估的历史划分为七个阶段,分别为:较早时期至 1900 年的"改革时期";1900—1930 年的"效率与测验时期";1930—1945 年的"泰勒时期";1946—1957 年的"纯真时期";1958—1972 年的"发展时期";1973—1983 年的"专业化时期";1983—2001 年的"扩展与整合时期"。③

高等教育改革影响了评估发展的走向,外部质量保障研究领域

---

① 黄启兵、毛亚庆:《大众化高等教育质量保障:基于知识的解读》,北京师范大学出版社 2011 年版,第 184 页。
② "Qulity Assurance of Higher Education", http://eng.ucdrs.superlib.net/searchFJour? Field = all&channel = searchFJour&sw = quality + assurance + in + higher + education, Sep 10, 2018.
③ Daniel L. Stufflebeam、George F. Madaus and Thomas Kellaghan:《评估模型》,苏锦丽等译,北京大学出版社 2007 年版,第 5 页。

也在不断扩展。以"管理论为基础的、消费者导向、成本控制、价值响应"等评估研究兴起,使得20世纪80年代以后的高等教育评估内涵发生了根本性变化,以"质量保障"为概念的理论研究达到了一个高峰期。

随着质量保障理论的成熟,进入21世纪后,相关研究呈现两个特点:一是研究主题集中,联合国教科文组织(UNESCO),以及经合组织(OECD)等国际性组织主导了一系列以"跨境""国际质量标准框架"等为主题的质量保障研究;二是文献数量趋于稳定。

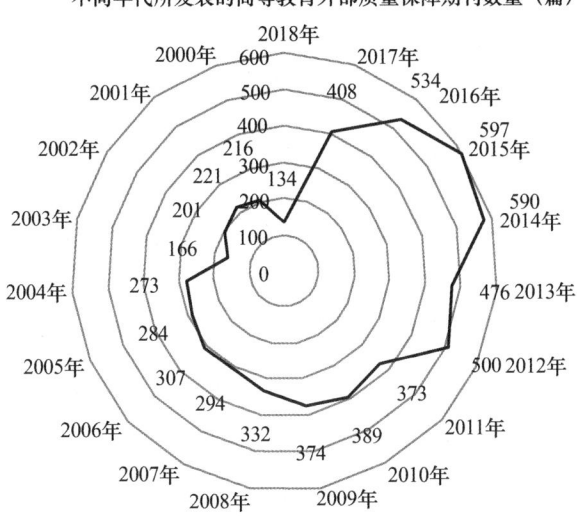

图2—6 高等教育外部质量保障外文文献雷达图

图2—6数据可以看出,2000—2011年的外部质量保障英文文献基本稳定在200—300余篇的发文量。但在2012年以后出现了新的增量,特别是2015年和2014年所发表的数量最多,分别达到了597篇和590篇;其次为2016年,数量为534篇。新增量主要与公

众对大学排行榜的关注有关,在高等教育质量信息获取有限的情况下,公众把大学排行榜当作高校办学质量的评价结果,并以此作为选择学校的重要参考。

(二) 大学排行榜掀起了近期外部质量保障研究热潮

不同的国际高等教育研究期刊公开发表的外部质量保障论文数量也有所不同,近年来有研究论文数量增长的趋势,大学排行榜正掀起近期的外部质量保障研究热潮。

进一步检索期刊类型发现(见图2—7):关于高等教育外部质量保障的英文文献在不同期刊中差异较大,其中在泰晤士高等教育副刊中所发表的数量最多,数量为656篇;其次为教育质量保障研究的专门期刊,数量为425篇;再次为泰晤士高等教育,数量为252篇,其余期刊发表数量较少。

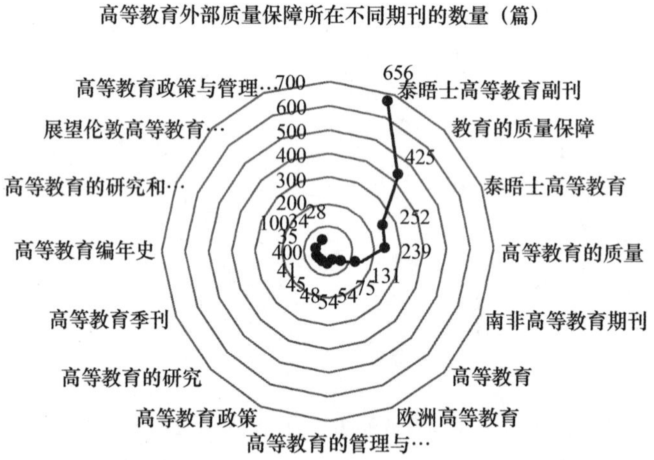

高等教育外部质量保障所在不同期刊的数量(篇)

图2—7 国外不同期刊的外部质量保障发文量雷达图

文献统计所透视出的研究现象与大学排行榜受到追捧有一定关系。目前,全球影响力较广的四个大学排行榜分别是英国的泰晤士高等教育研究(THE)、英国的QS大学排行研究、美国新闻与世界报道周刊（US. NEWS）的排名研究，以及中国上海交通大学学术排行（ARWU）研究。其中的两个英国大学排行榜都与泰晤士高等教育期刊有关。这一现象进一步表明，虽然学术界认为外部质量保障是有别于大学排行的，在一份联合国教科文组织的关于质量保障和认证的报告中，有学者就认为，"多数国家政府都将质量保障纳入评估的机制内，并以此提升院校和一些教育项目的价值，而非是鼓励高校的等级排名。"[①] 但在某种程度上说，大学排行结果还是促进了一些国家对外部质量保障力量的增强，以及新一轮对外部质量保障研究的关注。

第二节　外部质量保障的历史演进

高等教育的外部质量保障活动可以追溯到19世纪末期的认证制度，兴起于20世纪80年代。早期活动产生的背景是大学培养的人才，要接受来自行业或雇主的认可，为此，一些商业、医学等专业联合会，开始对大学的专业教育标准是否符合社会的"真实"需求进行评估。经过近百年的演进，在高等教育进入大众化以后，外部质量保障在全球多个国家兴起一股热潮，在历史演进的过程中，其问题分析的逻辑和要义也发生了一定的转变。

一　外部质量保障的问题缘起

在质量保障成为社会的普遍认识以前，大学已有了质量管理的自觉意识和自我要求。一直以来，质量管理都存在于高等教育系统内，在质量保障概念盛行之前，大学是依靠一股"无形"

[①] Vlasceanu, L., Grunberg, L., Parlea, D., *Quality Assurance and accreditation: A Glossary of Basic Terms and Definitions*, Bucharest: UNESCO – CEPES, 2004, p. 36.

的机制来维系质量，这套机制是为了"发现优秀的人才，并使他们保持优秀"[①]。大学通过选拔优秀的教师和学生，再以各类资格晋升和学位标准来保障教学和学习的质量。之后，随着与社会关系的日益紧密，大学"自治"管理受到了来自外界的挑战，政府和社会对"质量"的关注度也逐渐提高，并以各种方式介入大学的质量管理。始建于20世纪初期的美国高等教育"认证"（accreditation）是早期的外部质量保障活动，一般被认为是外部对高等教育进行质量管理的早期雏形。

外部质量保障的兴起，是以英国高等教育从"二元制"向"一元制"改革为标志的。世界各国基于"合法性""平等""民主化"等价值观，发起了对高等教育质量观的讨论，由此也开启了外部质量保障的全球性高等教育管理改革。"合法性"源自布鲁贝克关于高等教育合法存在的教育哲学思想。[②] 布鲁贝克认为，高等教育借以存在的基础主要有认识论和政治论，高等教育既有出于"闲暇好奇"的精神追求，也有出于国家影响的政治需求，以认识论和政治论为基础的自由教育与专业教育在大学里并存，分别起着作用。这一思想解释了世界各国高等教育贯穿工业革命的发展与改革趋势，也从纯粹的"存在合法性"延伸到了"权力合法性"的讨论。外部质量保障的问题缘起于英国的"新大学"（又称"红砖大学"，以区别牛津、剑桥等青砖为墙的古典大学）如何在一个透明的质量标准框架下实现平等？美国大学中的种族权力如何公平保障？大学中学生参与的"民主化"怎样得以体现？大学的内部学术自治权力与政府的外部干预如何平衡？等等。

---

① ［美］约翰·布伦南、特拉·沙赫：《高等教育质量管理：一个关于高等院校评估和改革的国际性观点》，陆爱华等译，华东师范大学出版社2006年版，第2页。

② ［美］约翰·S.布鲁贝克：《高等教育哲学》，王承绪等译，浙江教育出版社2002年版，第13—17页。

二 大众化使质量保障从"内部"变为"外部"问题

质量保障作为高等教育管理机制的出现,是在20世纪80年代。第二次世界大战以后,全球迎来了一个人口剧增的高峰期,随之而来的影响是各国政府开始大力扩张高等教育规模,以解决这批适龄人口接受高等教育的问题。除了人口因素以外,全球超级大国引起的政治环境变化,计算机和信息技术带动的科技革命,欧盟、亚太等地区或区域联盟和经济崛起等,使高等教育得到快速发展。这一时期,发达国家都确立了高等教育规模扩张战略,"过去的半个世纪中高等教育的中心事件就是扩张,各个国家的高等教育,都由曾经固守的精英教育转变成了大众教育,到现在几乎实现了普及化。"[1] 美国率先进入到"大众化"向"普及化"阶段的过渡,而英国、德国、法国等西欧国家也开始进入大众化的发展阶段。

高等教育的大众化加快了各国的高等教育发展速度,新学校如雨后春笋,已有的学校也在不断扩张,高等院校数量的增长和学生规模的扩张,引起了政府和社会各界对大学质量的高度重视。大众化使得高等教育的内部结构,以及大学与社会的关系都发生了根本性变化,正如联合国教科文组织前总干事费德里克·马约尔发出的感叹:"社会的巨变使全世界所有国家的高等教育都处于危机之中。"高等教育的扩张速度加快,导致各个国家的教育财政出现危机,而课程质量的下降又引起了文凭质量的信任危机,如何将有限的政府资金投入到能产生质量效益的高等教育学校和机构,这就需要政府更深入和更频繁地开展外部质量保障。几个世纪以来,大学曾经依靠人的工作品质而建立的"人本位"质量管理模式,已不能

---

[1] [美] 菲利普·G. 阿特巴赫:《变革中的学术职业》,别敦荣译,中国海洋大学出版社2006年版,第2页。

适应大众化的需求，面临着前所未有的挑战，在政府的外部力量介入下，质量管理形成了新的权力控制，政府既要通过建立质量标准来对高校提出明确的要求，也要通过评估来控制高等教育的发展。

大众化虽然引起了人们对高等教育质量的关切，但从"内部问题"转变为"外部问题"，促成质量保障管理机制的建立，却是英国"一元制"的高等教育体制变革。所谓"一元制"（unitary system）是相对"二元制"（binary system）而言的，指"所有教育机构融合在一个体制中，或一个系统内囊括所有高等教育机构"[①]。而"二元制"则是英国特有的高等教育体制，由承担精英教育、崇尚自治的大学与多科技术学院等非大学高等教育机构共同组成。由于大学与非大学在拨款、入学资格、学位证书的地位殊异，客观上造成了高等教育结构的分化，形成了高等教育机构的身份标签，非但未使"精英型"大学与"大众型"非大学的矛盾有所缓解，反而让高等教育的内部割裂加剧，这既有违高等教育公平与平衡的"二元制"制度设计，更有悖于民主平等的社会治理原则。20世纪60—90年代，英国高等教育体制始终处于一个二元调和的状态，由于大众化与多样化要求，从一元制转向二元制，又因为高等教育割裂和分治再回归到一元制。这样的演进过程在美国、欧洲其他国家也有类似经历，只是其他国家未像英国一般典型和放大了过程。随着体制的变革，政府对大学的财政拨款逐渐形成了以质量为基础的核定方式，而古典大学的自治传统也受到了"自上而下"的政府干预，新大学则在升格上要遵循统一的学术标准。建立高等教育质量保障体系成为大众化阶段最关键的制度设计，英国政府在1963年发布了《高等教育发展白皮书》，并提出："要加强大学的学术水

---

① 张建新：《高等教育体制变迁研究：英国高等教育从二元制向一元制转变探析》，教育科学出版社2006年版，第18页。

平监督，提高教学质量和效率，并开始建议大学建立一套统一的学术标准审核体系。"①

三 后大众化使质量保障从"政府管理"变为"公众管理"问题

如果说大众化改变了传统的大学"自治管理"，那么，后大众化的质量保障则改变了单一的"政府主导"模式，体现出更多维的外部质量治理方式。

后大众化主要是 20 世纪 90 年代中期或后期进入大众化阶段的国家，在高等教育发展中既有大众化规模扩张的质量危机，也面临其他新的质量问题。其典型特征是"在高等教育大众化同时，伴随着高等教育市场化、国际化和经济全球化进程"②。大众化、全球化、市场化、区域化等趋势，使得高等教育的质量问题愈加多样和不稳定，质量保障不仅要涉及高等学校的"内部世界"，还要反映外部经济、政治、文化日趋剧烈的变化，"质量保障是一个连接的纽带，将大学的微观世界与公共的宏观世界紧密连在了一起。"③

全球化推动了高等教育的多样性与一致性变革。面对高等教育在不同国家、地区的多样性发展，政府主导的国家标准已不适用于国际公认的质量标准，对大学的"长臂管辖"抑制了跨地区、跨国界的校际间教育合作，全球竞争的市场因素逐渐在主导高等教育的质量标准，一些大学排行榜甚至把学术、教师和学术的国际化作为核心竞争力指标。而全球一体化在谋求高等教育质量的统一框架

---

① 吴雪：《英国高等教育质量管理制度变迁研究》，福建教育出版社 2013 年版，第 59—60 页。

② 唐霞：《英国高等教育质量保证体系》，北京师范大学出版社 2012 年版，第 15 页。

③ Brennan, J. & Shah, T., *Managing Quality in Higher Eeducation: An International Perspective on Institutional Assessment and Change*, Buckingham: OECD, SRHE and Open University Press, 2000, p. 123.

时，更加强调区域发展的重要性。换句话说，高等教育质量没有一致标准，质量需要在服务区域社会经济发展中得以体现，要能反映外部世界的复杂变化。

为了适应后大众化的高等教育发展趋势，世界各国在高等教育的发展历程中，对政府主导的外部质量保障进行了新一轮改革，在20世纪90年代以后迎来了新的发展。大致可以概括为：基于大学自治与政府强制的权力关系，引入了新公共管理理论；基于质量与效率的关系，借鉴了全面质量管理理论；基于社会、经济和生态的联系与平衡，引入了可持续发展理论；当社会或公众的参与程度更深，更为活跃以后，在社会学理论的影响下，高等教育质量的保障理念也发生了根本性转变。

第三节 国内研究现状

我国高等教育外部质量保障是高等教育进入大众化阶段以后，对西方国家高等教育质量管理制度的借鉴和改进。由于制度环境不同、政府管理方式不同，加上我国高等职业教育发展基础较为薄弱，如何理解世界先进的质量保障理念，改良质量管理标准，制定符合中国实际的可操作化方案，成为我国高等职业教育外部质量保障研究的主要问题。结合本书研究需要，对国内相关学术研究成果的综述，主要包括：高等教育质量保障组织与机构、质量保障的模式、高等职业教育外部质量保障体系建设三个主题，在进行适当概括的同时，主要观点综述如下：

一　有关高等教育外部质量保障机构的研究

对外部质量保障组织的研究，可以概括为组织特征与独立性，代表性的观点主要有：

第一，机构的组织特征研究。一些学者在比较了全国多类评估机构特征后，认为多样性是我国高等教育评估机构最主要的特点。由于各国的高等教育管理体制不同，各类外部质量保障机构的属性有差异，杨晓江把这些机构"进一步划分为如下类型：官办民营、民办官助、民办民营、官办官营、民办官营"①。戚业国在对欧美国家外部质量保障机构的比较研究中发现，"欧美国家高等教育的外部质量保障组织通常是受政府支持、但独立于政府的机构，这些机构有的直接从事高等教育机构的质量评审活动，有的则不直接开展这类活动"②。原教育部副部长吴启迪就质量保障机构的角色与职责指出，"政府、高校和社会都是高等教育质量保障的重要力量，在质量保障中应分工协作。有中国特色的高等教育质量保障评估制度的建设，需要分工协作、共同努力，其中政府是关键因素"③。原教育部高教评估中心主任季平建议成立国家层面的"高等教育质量保障协调委员会"④，对政府及非政府的评估机构需要进行统筹协调并归口管理，形成统一协作、效能充分的组织管理架构。

第二，评估机构"独立性"的研究。陈玉琨在1994年较早地提出"教育评估中介机构"概念，此后围绕中介机构独立价值的探讨越来越深入，今天关于"第三方"评估机构的研究，也是沿着这条"独立性"的线索展开。他将评估机构分为三类：一是联系政府和高校的机构，独立于政府和高校开展评估工作；二是联系社会和高校的机构，主要是一些招生服务的教育咨询公司；三是非教育界

---

① 杨晓江：《国外教育评估中介机构的特征》，《上海教育科研》2000年第10期。
② 戚业国：《质量保障：一种新的高等教育质量管理范式》，《高等教育研究与实践》2006年第2期。
③ 吴启迪：《积极发挥社会组织作用，共同推进质量保障与评估制度建设》，《中国高等教育》2011年第2期。
④ 季平：《求真务实努力构建高等教育质量保障体系》，《中国高等教育研究》2010年第10期。

和政府的社会机构,例如发布大学排行榜的媒体。[①] 我国教育评估中介机构的争论是围绕两个方面展开的:一是机构的性质如何在政府和社会属性上加以区分。盛冰按功能特征分为研究咨询型、评估鉴定型、社会服务型三种中介组织。[②] 杨晓江按法人活动性质,分为事业单位法人性质、社会团体法人性质和基金会法人性质的三种中介组织。[③] 阎光才从中介机构的独立程度上分为官方性质的中介机构、民间性中介机构和学术性的中介机构三类。[④] 贾群生所提出的分类标准,则是从组织游离于高等教育系统的程度,将中介机构分为:偏重于政府、偏重于高校和中间的三种类型。[⑤] 二是如何划分评估机构的权力边界,激发和释放社会机构参与外部质量保障的积极性。李亚东认为,"可以依靠政府建立的,也可以由政府提供经费来源,但在行为方式上应坚持价值多元和有社会广泛参与的原则"[⑥]。贺祖斌认为,"评估机构具有独立性、公正性、科学性特征。应坚持中介独立、规范运作、分级设置、科学实用、广泛参与等原则"[⑦]。王建华认为,由于我国是行政主导的质量评估,"社会中介组织与院校的质量管理积极性并没得到应有释放"[⑧]。

第三,国际性的区域组织和中国的地方机构研究。随着我国参与全球外部质量保障的活动越来越广泛,对国际组织的研究也逐渐深入。赵立莹对国际评估组织做了专门的介绍,比较了欧洲、美

[①] 陈玉琨:《论高等教育评估的中介机构》,《中国高等教育评估》1998年第2期。
[②] 盛冰:《教育中介组织:现状、问题及发展前景》,《高教探索》2002年第3期。
[③] 杨晓江:《教育评估中介机构五年研究述评》,《高等教育研究》1999年第3期。
[④] 阎光才:《政府与高校间中介机构的作用和职能运作》,博士学位论文,华东师范大学,1997年,第34页。
[⑤] 贾群生:《中介机构:新的观点》,《辽宁高等教育研究》1997年第2期。
[⑥] 李亚东:《试论我国教育评估中介机构的构建》,《教育发展研究》2002年第11期。
[⑦] 贺祖斌:《高等学校外部教学质量保障体系中评估中介机构的建立》,《理工高教研究》2003年第6期。
[⑧] 王建华:《高等教育质量管理的新趋势及我国的选择》,《中国高教研究》2008年第8期。

国、亚洲地区的国际性评估组织,进行了"质量保障组织生成、发展及其实践活动的分析"。[1] 而我国的地方评估机构建设,是在国家政务改革中要求政府转变职能的背景下应运而生的。2000年前后,上海、江苏、辽宁、云南、广东等省市相继成立了各具特色的,服务于省级评估工作需要的教育评估专业机构。对这些专业评估机构的研究,机构自身组织开展的研究比较多,例如,教育部高等教育教学评估中心、上海教育评估院、江苏教育评估院、云南省高等教育评估中心等都组织过研究团队进行机构的专门化研究,目的是促进自身更好地建设。评估机构研究的代表性观点有:一是这些省级外部质量保障与评估机构仍然是行政管理性质的机构。王建华认为,"我国高等教育质量管理目前尚处于初级阶段,广义上虽然也有几种不同性质的组织参与高等教育的质量评估(除教育部主导的本科教学水平评估之外,各种非官方的大学排名亦可看作对于高等教育质量的一种社会评估),但事实上由于高等教育质量评估仍然是国家主导、行政主导,社会中介组织与院校自身在高等教育质量监控方面的积极性没有得到应有释放,更谈不上对于评估体系或评估机构的评估。"[2] 李亚东也指出,"作为政府转变职能的产物,这些机构的性质是明确的,但从目前的运作方式和行为规范来看,人们对其能否算社会中介组织存有疑惑和争议。"[3] 二是机构设置分散、职能分工不清。吴启迪指出,"各类评估机构在生存与发展中也存在一些问题和困难。主要表现在:独立性不够、专业性不强、职能发挥不足。这当中有客观环境条件的制约,也有自身能力建设

---

[1] 赵立莹:《国际化背景下高等教育质量保障组织发展研究》,中国社会科学出版社2016年版。

[2] 王建华:《高等教育质量管理的新趋势及我国的选择》,《中国高教研究》2008年第8期。

[3] 李亚东:《试论我国教育评估中介机构的构建》,《教育发展研究》2002年第11期。

的不足。"[1] 王战军等人也认为，我国专业评估机构的设置上，国家也没有统筹规划，多是以省为单位设立，而没有按大区设立评估组织，使得专业评估机构多而分散。[2] 从性质上看，各专业评估机构大多具有浓厚的官方色彩，中介性、独立性缺失，得不到高等院校的认同。由高等院校自己组织的具有行业自律性质的评估组织也还没有出现。我国远没有形成一个责权明确、分工较为合理的评估组织的外部治理机构。目前，政府评估机构与各专业评估机构之间、各专业评估机构与高等教育机构之间、政府评估机构与高校之间，在质量保障中的职责、权限没有相关的法律规范加以界定，各评估组织之间的分工不明确，甚至存在职能重叠。三是生存与发展中存在困难和问题。针对机构的自身能力建设和政府管理等问题，陈玉琨建议"各类评估机构要从改善制约发展因素入手，加强建设、提升能力。当然，改善外部环境主要是政府的职责，也需要高等学校、评估机构和行业协会等社会组织各方面的共同努力，有效促进管办评分离"[3]。

二 高等教育质量保障模式研究

所谓的质量保障模式并没有固定形式，具有不确定性和模糊性，但与评估实施的主体相关，最终形成的是不同的主体经验和特色，这种主体特征更多地表现为国家模式。我国学者的研究主要是对国外理论和经验的介绍，包括吴雪的《英国高等教育质量管理制度变迁研究》、苗晓丹的《创新背景下的德国职业教育体系及质量研究》等。

---

[1] 吴启迪：《加强评估机构能力建设努力促进管办评分离》，《中国高等教育》2011年第13期。
[2] 王战军：《高等教育监测评估理论与方法》，科学出版社2018年版。
[3] 陈玉琨：《论高等教育评估的中介机构》，《中国高等教育评估》1998年第2期。

对于国外质量保障模式的研究，主要有两类议题：一是何谓质量保障模式？二是从不同的角度有哪些分类？质量保障模式并不等同于进行质量保障的某种方式方法，大家比较认同的是陈玉琨教授提出的观点："所谓高等教育质量保障模式，是指在特定的方法论指导下，采用特定的管理策略和管理手段对高等教育质量实施保障的一套理论和实践。"[①] 就质量保障的本质属性而言，戚业国认为，"质量保障是一种新的高等教育质量管理范式，高等教育质量保障体系在不同国家具体表现形式不同，通常的高等教育保障体系可以分为外部保障体系和内部保障体系。"[②] 关于高等教育质量保障模式的分类问题，主要有以下不同的分类视角：一是按区域划分。史朝进行国际比较研究后发现，"国际上三种最基本的高等教育质量保证模式是：美国模式——美国高等教育认证制度、英国模式——高等教育质量的同行评估、大陆模式——高等教育质量保证系统的政府管理。"[③] 二是按原理划分。戚业国根据不同的基本原理，将质量保障模式划分为："质量保证模式（应用模式）、全面质量管理模式（应用模式）、绩效指标模式、院校研究模式、学生发展评估模式（附加值评估模式、项目评价模式）。"[④] 三是按主体划分。熊志翔将欧洲高等教育质量保障模式归纳为"英国多元评估型、法国中央集权型、比利时二元结构型和荷兰校外评估型四种主要模式"[⑤]。此外，徐小洲、周江林在《世界三大高等教育评估模式的最新发展》中认为，"英国走向统一标准的大学自主评估；美国从寻找'替罪

---

① 陈玉琨等：《高等教育质量保障体系概论》，北京师范大学出版社 2004 年版，第 8 页。
② 戚业国：《质量保障：一种新的高等教育质量管理范式》，《高等教育研究与实践》2006 年第 2 期。
③ 史朝：《高等教育质量保证系统的比较研究》，国家教育行政学院内部资料，2002 年，第 197 页。
④ 戚业国：《质量保障：一种新的高等教育质量管理范式》，《高等教育研究与实践》2006 年第 2 期。
⑤ 熊志翔：《欧洲高等教育质量保障模式的形成及启示》，《外国教育研究》2001 年第 3 期。

羊'到提供行动计划；芬兰政府主导高校自愿参与评估。"[1]

三 高等职业教育外部质量保障体系建设的研究

我国研究者在对国际质量保障进行比较后，将国外的外部质量保障体系建设经验概括为：质量保障体系建设要以专业化的机构建设、完善质量保障机制为基础；外部质量保障制度是在各国法律框架下，形成的具有各国政府管理特征的制度体系，包括：政府主导型、社会主导型、政府与社会共同治理等。对我国高等教育质量保障体系建设的构想和建议观点有：要研究中国问题，尽快构建"有中国特色的高等教育质量保障体系，探索主体多元、形式多样的评价体系"[2]。要加快建设多方参与的质量保障体系，"形成以政府外部质量保障为主导、高校内部质量保障为主体、社会化质量保障为补充、以外促内、内外结合的高等教育质量保障体系。"[3] 要体现主体地位，"从多方统筹的视角关注高等教育质量保障的五个主体：统筹政府宏观管理、统筹事业性评估机构改革、统筹高校的内部质量保障、统筹行业性机构开展专业认证、统筹社会大学排行榜"[4]。

高等职业教育外部质量保障体系建设的研究成果中，杨应崧教授为课题组长编著的《高等职业教育人才培养工作评估回顾与展望》最为全面，系统地整理了国家和各省开展各轮评估的经验做法，以及一些有代表性的学术观点。此外，还有一些学者在对国际上企业管理理论借鉴之后，与高等职业教育的特殊性联系起来，分

---

[1] 《世界三大高等教育评估模式的最新发展》，http://www.clner.com/Html/jiaoyupingjia/pingguanli/76031406742811。
[2] 吴启迪：《积极发挥社会组织作用，共同推进质量保障与评估制度建设》，《中国高等教育》2011年第2期。
[3] 季平：《求真务实努力构建高等教育质量保障体系》，《中国高等教育》2010年第10期。
[4] 李钰：《关于完善我国高等教育质量保障体系的思考》，《中国高等教育评估》2011年第3期。

析了在高等职业教育外部质量保障建设中实施"全面质量管理"的可能性。戴娟萍提出,"以全面质量管理的理念,将内、外质量保障相结合,从组织、资源、过程和程序等质量四要素,来构建外部质量保障体系"①。刘晓欢通过"分析ISO9000标准框架,认为高等职业院校的质量管理体系是由高层管理过程、资源管理过程、教育服务提供过程和监视与测量过程组成"②。北京联合大学鲍洁在第一轮高等职业评估实施方案中,分析了专业建设与学校人才培养工作的相关性,建立了专业评估的标准模型,是合格评估"专业剖析"评估方案的研制参与者,为院校评估中如何借助专业剖析与诊断,分析整体办学质量提供了有价值的观点。

第四节　国外研究现状

外部质量保障对高等教育发展的影响是深远的,不仅改变了大学传统的自主管理模式,也影响了大学内的财政、专业、课程设置、教师教学以及学生的学习方式,还直接影响了高等教育与社会的联系。国外学者对外部质量保障的历史渊源、概念定义、运行机制、标准框架、国家模式等多有研究,已形成了相对成熟的理论体系。根据选题研究需要,本书重点分析国外的高等职业教育发展趋势、质量评估与质量保障、质量问责制、保障机构建设、同行评估,以及外部质量保障的地区多样化等问题的前沿研究。

一　全球高等职业教育发展新变化对质量管理的需求

职业教育作为人类的一种社会活动,与职业教育产生的社会环

---

① 戴娟萍:《高等职业技术教育质量保障体系的建构》,《深圳职业技术学院学报》2003年第4期。

② 刘晓欢:《ISO9000标准框架下的高职院校质量管理体系》,《职教论坛》2005年第31期。

境以及不同国家在实施职业教育过程中的教育制度、经济条件和文化传统等因素都有着密不可分的关系，其在不同的国家有着并不完全相同的存在情形。基本类型大致包括："学徒训练、职业教育、工业艺术、技术教育、技术/职业教育（TVE）、职业教育（OE）、职业教育和培训（VET）、职业和技术教育（CTE）等。"①

在联合国教科文组织统计局（UNESCO Institute for Statistics, UIS）制定的"国际教育标准分类法"中，"职业教育被划分二级到五级四个层次，二级层面的职业教育是较低层次的职业技术培训，五级职业教育是高等职业教育，也是高等教育的最初级，但职业教育有时被归为普通教育的一部分，有时被归为普通教育体系之外"②。联合国教科文组织将其定义为区别于普通教育的一个教育类型："是普通教育的组成部分；为职业领域做准备；具有终身学习的功能；促进人的可持续发展。"③

正因为高等职业教育广泛的社会联系与独特的职业教育属性，国家政治制度、经济发展、科技发展以及社会方式都会直接传递对高等职业教育的发展需求。UIS 在一份调查报告中指出："发达的工业国家在职业教育的投资方面要比发展中国家更多，国家的人均GDP 水平越高，高等职业教育的入学率也会越高。"④ 有学者认为，应该在国家社会和经济发展的背景中，来应对高等职业教育所面临的全球挑战，"必须认清各国所处的社会和经济发展不同阶段，这

---

① Pupert Maclean, Ada Lai, "The Future of Technical and Vocational Education and Training: Global Challenges and Possibilities", *International Journal of Training Research*, Vol. 9, 2011, pp. 2 – 15.

② *Participation in Formal Technical and Vocational Education and Training Programmes Worldwide: An Initial Statistical Study*, UNESCO – UNEVOC, 2006, p. 5.

③ *Technical and Vocational Education and Training for the Twenty-first Century: UNESCO and ILO Recommendations*, UNESCO, 2002, p. 10.

④ *Participation in Formal Technical and Vocational Education and Training Programmes Worldwide: An Initial Statistical Study*, UNESCO – UNEVOC, 2006, p. 30.

直接关系到职业教育的需求与发展。"①

除了国家经济发展因素以外，人才培养模式的变革也会影响到未来高等职业教育的发展。高等职业教育可以被看作一种高层次、高水平的职业教育，与传统的学术教育不同，更加强调职业技能的教育与培训，在人才培养要求上突出实践技能的要求。"高等职业教育是在高等教育机构内为学生提供高水平的职业教育与培训，与传统的高等教育有所区分，传统的高等教育注重的是科学与艺术为基础的研究，而高等职业教育是提供与生产相关的教育服务，是为了满足劳动力市场需要的实践技能。"② Gray 等认为，职业教育和培训的目标是不同的，教育的目标是"创造独立的问题解决者，具有足够的理解深度"，与之相比，培训的目标是"教人们遵守规定的程序并以标准化的方式进行"。③ Nilsson 认为，职业教育是与工作环境相关的实践性教育，"教学方法和传统的学术型教学不同，传统的学术教育需要培养学生分析能力，理论和批判性思维，而职业教育是在具体的领域中基于工作技能的一种教育和培养。"④

全球高等职业教育发展的趋势，既受到国家外部环境的影响，也因为职业教育机构教育变革的内在驱动，为了确保职业教育体系能适应国家的需要以及人才培养的变革，需要加强对高等职业教育机构的管理，以及制定相应的人才标准框架，"职业教育的管理与

---

① PupertMaclean, Ada Lai., "The Future of Technical and Vocational Education and Training: Global challenges and Possibilities", *International Journal of Training Research*, Vol. 9, 2011, pp. 1 - 2, 2 - 15.

② Janna Puukka eds., *Higher Vocational Education for Post-secondary Vocational Education and Training: Pathways and Partnerships*, OECD, 2010, pp. 68 - 78.

③ Gray, K. C. and Herr, E. L, *WorkforceEducation: the Basics*, Pennsylvania State University, p. 85, 1998.

④ Nilsson, Anders, "Vocational education and Training - anEngine for Economic Growth and a Vehicle for Social Inclusion?", *International Journal of Training and Development*, Vol. 04, 2010, pp. 251 - 272.

变革也同样重要。"① Margarita 等认为，高等职业教育正在呈现出满足技能和资格证书需要的多元化发展趋势，需要提升教育的质量管理水平，以保持和适应多样化需求。Danida 也指出："近年来，职业教育的关注点发生了变化，从技能到机构再到管理问题，这些都将是未来职业教育的重要问题"，Cinterfor 也进一步强调了对职业教育管理者进行培训的重要性。②

从目前全球职业教育发展趋势的相关研究看，不同国家受到国家外部的和教育机构内部的双重驱动力，呈现出多元化的发展趋势。即使在同一国家，也会因为所处不同的历史发展阶段，而带来教育发展方式和要求的不断更新，为了保证高等职业教育能及时和充分地满足劳动力市场需求，需要制定"教育优先"的政策，还需要按照实际情况制定相应的管理措施，以保障职业教育的快速发展。在高等职业教育发展的过程中，各国都在强调质量管理对于提升教育教学水平的重要性。

二 质量保障：从概念拓展到理念认识

对高等教育质量观的深入研究，是质量保障从概念发展为理论体系的基础。虽然很难对质量给出一致和适切的定义，但多维度的质量观还是为理解质量保障体系提供了不一样视角。联合国教科文组织根据各国经验，认为高等教育的质量保障活动是多种多样的，"涉及教育体系、教育机构或者是教育项目的质量评估过程，这一

---

① PupertMaclean, Ada Lai., "The Future of Technical and Vocational Education and Training: Global challenges and Possibilities", *International Journal of Training Research*, Vol. 09, 2011, pp. 1 - 2, 2 - 15.

② Margarita Pavlova, Rupert Maclean, "Vocationalisation of Secondary and Education: Challenges and Possible Future Direction", London, 2013, pp. 43 - 66.

过程包括质量的评估、控制、保证、维持和提高"①。质量概念与教育目标达成的适合性有关,用这样的方式去理解的话,质量就是不同目标的达成度。Yuliya等认为,目前职业教育管理应该"关注质量的提高、学生和教师的流动性、就业、校企合作、企业与院校在结构和功能方面的整合、院校之间的互动,以及对职业院校形象的提升"②。职业教育体系的管理应理解为政府的教育部门与地方、职业教育机构、企业、商业组织、非政府组织之间的富有成效的互动,目的是确保职业教育机构的最佳运作和发展,以提高它们在国际教育服务市场上的竞争力。③

今天,对高等教育质量提升的研究,学者们更倾向于以"质量保障"这一个外延和内涵更广泛、更深入的概念来加以概括。VanBruggen等认为外部质量保障应该是更广泛的质量概念,公共部门应该对外部质量的有效性作出保证(通过元评估),同时应该有一个结果(通过后续安排)。④ 质量保障作为一个相对新的质量概念,相比于"测量""评估"等一些早期概念,至今已发展了新的内涵,其要求也与以往有明显不同。美国高等教育认证委员会(CHEA)认为,高等教育质量保障体系的建立受到三个因素影响:一是质量保障更加具有竞争性,更加严格;二是质量保障越来越受到区域的认可;三是不同国家之间需要有一个共同的互惠互认的质

---

① "Quality Assurance Glossary", http://www.tempus-lb.org/sites/default/files/leaflet2_Quality_Assurance. Aug 29, 2018, p.34.

② Ozturk. "International Review of Management and Marketing", *International journal of sport management and marketing*, Vol.1, Jun, 2016, pp.155–159.

③ Pugacheva, N. B., *Management of the Municipal System of Education: The Theoretical Foundations*, News of Russian Academy of Education, Vol.1, 2010, pp.71–83.

④ VanBruggen, J. C. and Scheele J. C. et al., "Syntheses and Trends in Follow-up of Quality Assurance in West European Higher Education", Netherlands: *European Journal for Education Law and Policy*, Vol.2, 1999, pp.155–163.

量保障构架。[1]

三 外部质量保障的新模式与方法

新的质量保障方法沿袭了之前的一些评估手段，但在方法和理念上又有了突破。方法上，从倾向事实测量与价值判断的传统评估模式，逐渐转变为更关注底线标准，更关注对象发展，更关注环境因素的发展性评估模式。ViktoriaKis 认为，质量保障的方法主要分为认证、审核和评估三种主要类型，认证和评估主要监控教学与学习，审核主要强调的是为了完成目标从而采取的内部程序。[2] 在管理理念上，将"利益相关者"作为质量保障的一个重要参照维度，甚至是一种质量标准，"大量的相关利益群体的不同期待与经验更有助于形成有效和综合性的质量保障体系。"[3] Raid 认为，高等教育机构的建设和发展取决于利益相关者的参与，"这些利益相关者，包括大学、社会机构、政府等，他们对知识的变革和共享都有十分重要的意义，能驱动有意义知识的转移。"[4]

尽管"各国在追求质量的方式上存在着较大的差异，但认证、审核、评估已成为外部质量保障的三种基本方式，而且对其他国家特别是发展中国家产生较大的影响"[5]。有研究者指出，"上述三种

---

[1] Council for Higher Education Accreditation (CHEA), "What Presidents Need to Know about International Accreditation and Quality Assurance", *Council for Higher Education Accreditation*, http://www.chea.org/2007, Vol. 6, July 1, 2007, pp. 1 – 2.

[2] Viktoria Kis, *Quality Assurance in Tertiary Education: Current Practices in OECD Countries and a Literature Review on Potential Effects*, OECD, 2005, p. 5.

[3] Beerkens, M. and M. Udam, *Stakeholders in Higher Education Quality Assurance: Richness in Diversity*, Netherlands: Higher Education Policy, 2017, pp. 341 – 359.

[4] Riad Shams, S. M. and Zhanna Belyaeva, "Quality Assurance Driving Factors as Antecedents of Knowledge Management: A Stakeholder-Focussed Perspective in Higher Education", *Journal of Knowledge Economy*, Vol. 10, Jan. 14, 2017, pp. 423 – 426.

[5] ［美］艾尔科娃斯、朱兰德、尼尔森：《高等教育的质量保障：最近的进展，未来的挑战》，李延成译，转引自《世界高等教育：改革与发展趋势》，国家高级教育行政学院内部资料，2002 年，第 196 页。

基本方式在一个国家的运用并不是单一的，从发达国家高等教育质量保障的经验来看，多种方式的交叉融合、综合运用，是未来高等教育质量保障发展的重要趋势。"[1] 关于各国对质量保障模式的选择，有研究认为"许多国家一直在变换着它们的质量保障方式"。

认证是对高等教育机构或项目质量的评审，它必须满足质量的最小标准，目的是为了质量的提高。因此，认证机构通常会制定认证标准和程序来指导院校进行持续的提高。[2] 认证可以综合性地检验院校或项目的使命、资源和程序。[3] 认证有如下特征：（1）如果一些专业或院校在提供项目时没有经过认证，那么这些专业和院校不会得到专业委员会的财政支持。（2）在某些专业中，认证对学生会产生影响。例如，法学专业的学生如果专业没有通过认证机构的认证，那么学生就无法进行相应的注册资格考试。（3）认证会影响对高等教育和培训机构的认可。[4] 认证可以被看作是给一个高等教育院校或项目一个正式的质量证书，它表明了高等教育机构或者项目能够满足所期待的最低要求。[5] 跨国高等教育使得教师、项目、专业在全球背景下不断地流动，为了确保学术项目质量能够满足当地及国际水平的需要，2003 年建立了欧洲高等教育质量联盟组织，旨在成员国之间的互认，以及质量保障机构间的紧密合作和接受评

---

[1] 张伟江、李亚东等：《大众化高等教育的质量保障与评价》，高等教育出版社 2011 年版，第 7 页。

[2] Patricia Ryan, "Quality Assurance in Higher Education: A Review of Literature", *Higher Learning Research Communications*, Vol. 5, No. 4, December, 2015.

[3] Davil D. Dill, "Designing Academic Audit: Lessons Learned in Europe and Asia", *Quality in Higher Education*, Vol. 6, 2000, pp. 187–207.

[4] Carmel Marock, *Quality Assurance in Higher Education: The Role and Approach of Professional Bodies as SETAs to Quality Assurance*, 2001, p. 20.

[5] Chernay, Gloria, "Accreditation and the Role of the Council of Postsecondary Accreditation (COPA)", Washington, DC, 1990, pp. 1–17.

审决定。①

目前，外部质量保障的评估仍然是一种最为主要的方式，但更强调通过评估来实现各主体的"价值共建"。评估主要是做出关于质量等级的判断，这种判断是一种定量的，询问的是"结果有多好"。②"质量评估显示了高等教育院校或项目的外部质量评判过程。它包括一些通过外部机构实施的机制和活动，其实质是评估高等教育过程、实践，专业和服务的质量。当在定义和操作质量评估这个概念的时候，有一些重要的内容，包括（1）背景（国家的、制度上的）；（2）方法（自我评估、同行评审、现场考察）；（3）水平（系统、院校、部门、个人）；（4）机制（奖励、政策、结构、文化）；（5）关注学科领域以及与学术价值相关的质量标准，还关注教师的教学技能以及课堂教学活动的管理价值，以及强调毕业生质量和学习成果的就业价值。"③ 此外，质量评估还是由教育领域各利益相关者和学术机构所确定的一系列有效措施。④

另一个外部质量保障的重要手段是审核制，主要是在英国、澳大利亚等国家常用的称谓，"无论是认证、评估还是审核，是在不同国家、不同区域使用的不同方法。"⑤ 国际标准组织（ISO）将审核定义为三个部分："（1）与所陈述目标是否一致；（2）是否遵守

---

① Hou, A. Y., "Mutual Recognition of Quality Assurance Decisions on Higher Education Institutions in Three Regions: A Lesson for Asia", *Higher Education*, Vol. 6, 2012, pp. 911 – 926.

② Woodhouse, D., *Quality and Internationalliation in Higher Education*, OECD – IMHE, 1999, pp. 29 – 40.

③ Vlasceanu, L., Grunberg, L., Parlea, D., *Quality Assurance and accreditation: A Glossary of Basic Terms and Definitions*, Bucharest: UNESCO – CEPES, 2004, p. 50.

④ National Assessment and Accreditation Council, *Higher Education: An Introduction*, India: national Printing Press, 2007, p. 45.

⑤ "Standards New Zealand, Quality Management and Quality Assurance-Vocabulary", Australian/new Zealand Standard AS/nZS ISO 8402, 1994.

真实计划的质量活动；(3)活动的有效性是否达到所陈述的目标"。联合国教科文组织在一份调查报告中，进一步探讨了质量审核在质量保障体系中的重要性，并突出了审核在与目标相关的绩效评估时所体现的独特价值。审核与其他质量保障手段的不同之处在于：(1)主要是通过外部机构实施的质量评估过程，更多的是对院校内部的质量保障过程进行审核，以确保质量保障（外部和内部）程序都是适当的；(2)是面向完整的质量保障体系的活动；(3)满足院校内部目标（内部审核）或外部目标（外部审核）的目的；(4)审核的结果最终以审核报告的方式进行公开。[①] 对质量保障来说质量审核是一个非常特别的方法，"它并不是直接评估质量本身，而是通过这种保障机制来保障质量评估的程序"[②]。

除了认证、评估和审核这三种基本方法，还有一些不构成体系但也很重要的手段在质量保障体系中发挥着作用。Tibor认为，今后外部评审的方法还应该增加一些环节：准备（目标、参考条款、专家的选择、讨论、规则）、实施（对象调查、影响调查、自我评估报告、信息的收集、现场评估）、报告（讨论、起草报告、听取过程、最终报告、发布、会议）和后续活动（后续的测量、回访、报告、下一轮计划）。他还认为如果外部评估机构之间可以拥有一个共同的方法构架和一致性标准，那么外部的评估机构的资质就会得到相互间的认可，其评估结果以及国家质量保障体系也会在区域甚至全世界得到认可。[③]

[①] Melanie Seto et al. eds., *Quality Assurance and accreditation: A Glossary of Basic Terms and Definition*, Bucharest: UNESCO-CEPES, 2004, pp. 31-33.

[②] Michaela Martin and Antony Stella, *External Quality Assurance in Higher Education: Making Choices*, UNESCO, Paris, 2007, p. 50.

[③] Tibor R. Szanto, "Evaluations of the Third Kind: External Evaluations of External Quality Assurance Agencies", *Quality in Higher Educatin*, Vol. 3, 2005, pp. 183-193.

四 与绩效关联的问责制研究

人们已经更多地意识到评估目的不仅仅是做出判断，还要不断地提高质量，在现行的高等教育质量保障体系中，应该重视"持续改进"的功能和价值，而持续改进的机制与质量保障体系中的"问责制"密切相关。外部质量保障的结果可以用作质量问责与改进，问责与改进有不同的目标、体系和动机，"问责是出于外部动机，而改进主要是内部动机。问责与改进之间既存在冲突，又有十分紧密地联系"[1]。"问责通常涉及外部利益相关者，比如国家、区域认证机构、政府机构和公众；然而改进却通常是内部的程序。"[2]

关于外部质量保障中问责和改进的争论，是建立在相反的哲学立场上。很多研究者认为问责和改进之间是不能协调的，如果问责是最终的目标，那么会减弱对改进的驱动力。也有一些学者认为，他们是不可分割的，因为问责总是不断地强调改进。[3] 对问责制的担心主要源自过多地强调程序规范和监测的作用，限制了大学的教学自由。问责制用规定的程序来进行外部监测和质量保障，会导致"质量保障过程往往会阻碍教学和学习中的创新，而不是推动创新"[4]。然而，更多的学者倾向于问责制在管理中所发挥的独特作用，尤其是在绩效管理和评估中，问责制是与质量目标相联系的质量保障制度，亦可看作一种理念和方法，有利于促进学校或教育项目的绩效目标达成。Bogue 就提供了一些"管理的观点和设计原

---

[1] Robin Middlehurst and David Woodhouse, "Coherent Systems for External Quality Assurance", *Quality in Higher Education*, Vol. 1, 2006, pp. 257–268.

[2] Koslowski Ⅲ, F. A., "Quality and Assessment in Context: A Brief Review", *Quality Assurance in Education*, Vol. 3, 2006, pp. 277–288.

[3] Woodhouse, D., *Quality and Internationalisation in Higher Education: Quality and Quality Assurance*, Paris: OECD, 1999, pp. 29–43.

[4] Karen Nicholson, "Quality Assurance in Higher Education: A Review of the Literature", *Council of Ontario Universities*, 2011, pp. 1–15.

则"来强调质量保障过程中问责和改进的重要性,问责制包括了这样一些管理视角或问题:"质量保障的对象能否提供足够的绩效和改进的证据?这些绩效指标能否在政策、项目和人员等方面促成更好的决策?根据质量和绩效指标,该项目和机构的使命是否得以实现?质量保障体系的设计是否尽量减少了工作的重复性,以及使决策的实用性最大化?"[1]

问责制无形中提高了质量保障的透明度,制度设计的初衷是希望在绩效目标要求下,通过严苛的问责方式来保障高等教育质量,这样的方式使得公众对质量信息的透明度有了更加明确的要求,因为只有在充分的信息透明和公开前提下,公众知情权有了保障以后,问责制才会有意义。"对于问责的需求主要是基于两个原因:一是社会期待政府和那些掌握公共资金的机构,能够最大化地将资金用于高等院校;二是期望增加高校的自主权,从而平衡政府、公共机构与高校之间的权利。"[2] Hou 则认为,"质量保障机构作为高等教育质量的监督者,应该保障评审过程的有效性,确保评估建议的客观性和透明性"[3]。

五 外部质量保障机构的组织特征

多数国家的质量保障机构是由政府、高等院校或者社会团体建立的。政府在质量保障机构建设中起着非常重要的作用,例如,美国教育部和联邦机构就是事实上的教育认证机构之一,因为政府是

---

[1] E. Grady Bogue, "Quality Assurance in Higher Education: The Evolution of Systems and Design Ideals", *New Directions for Institutional Research*, 1998, pp. 7–18.

[2] Bente Kristensen, "Has External Quality Assurance Actually Improved Quality in Higher Education Over the Course of 20 Years of the 'Quality Revolution'?", *Quality in Higher Education*, 2010, pp. 153–157.

[3] Angela Yung-Chi CHou et al., "Quality Assurance of Quality Assurance Agencies from an Asian Perspective: Regulation, Autonomy and Accountability", *Asia Pacific Education Review*, Vol. 16, 2015, pp. 95–106.

资金的主要提供者。"许多国家的外部质量保障机构通常是由区域联盟或国家政府建立，高等院校也可以建立外部质量保障机构，但一般是应政府的要求。"[1] 随着政府职能的转变，政府机构已不再具有单一主导地位，而是通过财政拨款间接产生影响。"政府可以派代表参加质量保障机构的董事会，为机构或质量保障活动提供资金。"[2] "除了少部分质量保障机构是隶属于政府，或者来自政府支持，其余质量保障机构都有了独立的运行机制，以及明确的管理服务职能。"[3]

关于外部质量保障机构设置的研究，主要集中在两个方面：一是按职责范围设置。艾尔科娃斯认为，一些国家政府通过引入新的管理机制等来提高质量，建立了实施外部评估的委员会、独立的评估机构等，"负责对不同类型的、不同区域的或不同目标的高等院校实施评估"；[4] 二是按隶属关系设置可以分为："隶属于政府、半政府（或半官方）或半自治的公共机构，隶属于高等院校，隶属于私人团体。"[5] 隶属关系决定了各类机构的职能也不同。

六 "同行"评估提升外部质量保障公信力的重要性

随着非政府的质量保障机构的兴起，同行评估成为这类机构赢得公众信任的最重要方法，专家已不再是政府指派，而是在学术领

---

[1] Viktoria Kis, Quality Assurance in Tertiary Education: Current Practices in OECD Countries and a Literature Review on Potential Effects, OECD, August, 2005, p. 26.

[2] "Proposals for the Structure and Implementation of a Quality Regime for Tertiary Education", *Quality Assurance Authority of new Zewland*, 1999.

[3] Michaela Martin and Antony Stella, *External Quality Assurance in Higher Education: Making Choices*, Paris: UNESCO, 2007, pp. 79 – 80.

[4] ［美］艾尔科娃斯、朱兰德、尼尔森：《高等教育的质量保障：最近的进展，未来的挑战》，李延译译，转引自《世界高等教育：改革与发展趋势》，国家高级教育行政学院内部资料，2002年，第189页。

[5] Martin, Michaela et al., *External Quality Assurance: Option for Higher Education Managers—Module 3: Seting Up and Developing the Quality Assurance Agency*, UNESCO, 2006, pp. 5 – 6.

域有较高的造诣，还有更广泛的学术视野，以及享有同行认可的学术能力和影响力，同行评估甚至成为新的质量保障中不可替代标准。

同行评估被称为"科学性的关键所在"[①]，现代学术没有它将无法运作。"同行"被用于学术和科学的评价，因为人们相信同行专家形成的关于专业工作的谨慎判断。[②] 同行评审在本质上对于质量的改进是有积极意义的，同时对于内部和外部的质量保障和问责也是有必要的。[③] Sylvia 认为同行评审无论在过去还是未来，对于质量保障都是有效的。但是质量控制和同行评审之间也存在两难之处，有时会因为妥协而降低了专业性。[④]

借助于同行的专业性，有助于提升外部质量保障的有效性，也增强了政府和机构在行使评估权力的"合法性"。但也有学者认为，同行评审并不能一劳永逸地解决外部质量保障的科学性问题。他们认为：同行评审小组的学术框架有时太僵硬，这"迫使"院校必须遵守一个模式；同行评审小组的建议有时看起来更多的是个人观点，而不是来自专业团队的评估；同行评审不是强制性的，所以很难知道哪些院校最需要进行评估。此外，由于没有公开的信息比较，同行评审的意见在院校间往往非常相似，导致了不理想的效果；同行评审的建议对原来所存在的问题看起来并没有进行创新或革新性的解决。另外，同行评审对于院校来说是外部的，但高等教育系统以外的专家却很少，更多地显示了内源性的评审特点；社会

[①] Zuckerman, Harriet and Robert K. Merton, "Patternsof Evaluation in Science: Institutionalisation, Structure and Functions of the Referee System", Vol. 9, 1971, p. 66 – 100.

[②] Waters, M., "Collegiality, Bureaucratization, and Professionalization: A Weberian Analysis", American Journal of Sociology, Vol. 5, p. 945 – 972.

[③] Kilfoil, W. R., "Peer Review of Learning and Teaching in Higher Education: Peer Review as Quality Assurance", Vol. 10, 2014, pp. 105 – 123.

[④] Wicks, S., "Peer Review and Quality Control in Higher Education", British Journal of Educational Studies, Vol. 1, 1992.

认可的"同行"标准与教育系统内部的标准存在差距,在学术标准和专业知识之间有着明显的冲突。①

七 高等教育外部质量保障的地区多样化研究

荷兰学者范·沃特和韦斯特海吉登在调查中发现,欧盟(EU)国家的质量保证框架有许多共同的特征,可以概括为"通用框架"。其中,包括四个主要元素:(1)取得合法地位的国家机构,但要脱离政府;(2)学校自评,并经常向机构报告;(3)同行评审,有来自于校内教学、管理人员、在校生和毕业生,还有外部同行专家;(4)发布报告,宣布结果并提出建议。②"通用框架"在研究意义上,提出了一个外部质量保障的"一致性"假设,即"不同国家的外部质量保障会逐渐趋同于一致性框架"。

构建一个外部质量的"通用模型",对于指导政治、经济一体化程度较高的地区是有意义的,还有一项更为著名的高等教育"一致性"框架,是欧洲国家 1999 年发起的"博洛尼亚进程"高等教育改革计划。范·沃特提出的"通用框架",为其他欧洲国家勾勒了一个质量保障的蓝图,Neave 也认为,"每个国家都需要根据自己的情况,对这些内容做相应扩展或者修改,不同国家外部质量保障的多样性,是由模式的实用性、各国高等教育的规模,质量保障法律的严格程度、灵活性和评估发展阶段决定的"③。

此后,经济合作与发展组织(OECD)建立"通用框架"的后

---

① Malo, S. and M. Fortes, "An Assessment of Peer Review Evaluation of Academic Programmes in Mexico", *Tertiary Education and Management*, Vol. 10, 2004. pp. 307 – 317.

② F. A., Van Vught and Westerheijden, D. F., *Quality Management and Quality Assurancein European in Higher Education: Methods and Mechanisms*, Commission of the Eurpean Coummunity, Vol. 1, 1993.

③ Neave, M., "Models of Quality Assurance in Europe: CNAA Discussion Paper 6", *Council for National Academic Awards*, 1991.

续研究也表明,构建适用于不同国家和地区的外部质量保障"通用框架"是理想化的,"质量保障的国际趋同模式受到了不同国家质量文化带来的挑战"①。Gandolphi 和 Von Euw 对欧洲的 590 所大学的质量管理做了调查,从英格兰、德国、意大利、荷兰和瑞士等国的调查情况看:"目前还缺乏清晰的、国际公认的模型,可以引入构成质量管理的集成系统。"② Brennan 和 Shah 分析了通用框架后也一致认为,这样的一般模式只适用于高等教育机构较少的国家。

第五节 研究趋势分析

虽然"评估""控制"等仍是出现频率较高的术语,但传统的"教育评价"在内涵、方法、机制上都发生了较大改变。除了"鉴定""评价"的功能,新的高等教育外部质量保障理论更强调对质量的促进和规范作用,以及质量文化建设;此外,在外部质量保障方法上还创新了"认证模式""院校审核""质量监测"等新的质量管理途径;而机制上对政府权力、院校自治、第三方组织等也提出了新要求。总之,外部质量保障对大学教师、课程、学生学业的质量要求等有了更丰富的内涵。

一 研究述评

综合来看,我国学者对高等职业教育外部质量保障研究,主要以政策研究、国外实践案例介绍、比较研究、经验性的理论探讨居多;对我国外部质量保障体系建设的内在规律性认识,缺乏一定数

---

① John Brennanand Tarla Shah, *Managing Quality in Higher Education: An International Perspective on Institutional Assessment and Change*, Open University Press, 2000, p. 45.

② Gandolphi, A. and Von Euw, "Outcome of a Survey on Quality Management in European Universities", Zurich: Swiss Federal Institute of Technology, 1996.

量的实证分析成果作为支撑，也缺少足够的质量管理案例作为参照，中国问题的质量保障理论体系建设还处于一个初始阶段。目前最缺乏的是能描述"中国特色"外部质量保障体系特征、运行、全球示范意义的原创性成果，现有研究水平与理解、吸收国际先进理念的程度有关，也与我国高等职业教育发展起步晚、基础弱的特点有关；还与研究人员的问题意识有关。此外，我国高等职业教育研究的CSSCI期刊，中文核心期刊数量也相对较少，制约了研究的专业化建设。但也可以看到，近年来我国确立了"现代职业教育发展"战略以后，外部质量保障的问题针对性更强了，研究需求也逐渐凸显，围绕"立体的、开放的"高等职业教育发展质量保障研究在不断深入。

二 "中国问题"与"专题化"研究趋势

高等职业教育外部质量保障研究正呈现出专题化和实证研究增多的趋势，针对中国高等职业教育发展中的特殊问题，已有了更加深入的研究，虽然我国的"本地化"理论体系建设还不完整，但已有了明显的"中国问题"与"专题化"研究趋势，目前的研究现状主要有以下特点：

第一，我国高等教育外部质量保障理论体系还不成熟，研究文献呈热点分散、逐年上升趋势；热点问题的切换较快，没有形成系统化的问题研究，外部质量保障研究仍然处于初始阶段。

第二，研究呈现出"国际视野下中国问题特色研究"的多样化特征与趋势。在高等教育外部质量保障的国别研究中，最受重视的是英国质量保障比较研究，英国作为最早推行质量保障政策的国家，政府主导的质量保障在全球影响广泛。"比较研究"和德国、日本等国的制度研究是高等职业教育外部质量保障的主要特点。

第三，进入21世纪后，国内外相关研究均出现了专题化的主题研究趋势。联合国教科文组织，以及经合组织等国际组织主导了一系列以"跨境""国际质量标准框架"等为主题的质量保障专题化研究；同时，受社会公众对大学排行榜关注度的日益提升影响，大学及学科排名研究在外部质量保障研究中呈上升趋势。

三 质量保障是高等职业教育发展问题研究的次领域

我国高等职业教育外部质量保障建设起步晚，但在理论研究上能主动与国际先进理念对接，研究的问题特点如下：

第一，在院校研究中，高等职业院校成为质量保障研究的特定对象；教育部出台的"高等职业院校内部质量保证体系的诊断与改进"制度，是我国评估制度中首次引入质量保障理念，要求高等职业院校要建立内部的质量保障体系，明确了外部质量保障与内部质量保障的关系，以及外部质量保障建设的重点和全新要求。这一制度实施以后，高等职业院校作为特定的院校研究对象，受到了学术研究者的高度重视。

第二，我国高等职业教育外部质量保障形成了"共治、新农村"等特殊问题的研究领域。政府治理问题、质量管理的企业模型问题、新农村职业教育质量问题、人才培养的适用性问题等，正成为我国高等职业教育外部质量保障的具体实践问题，形成了中国独特的问题研究域。

第三，外部质量保障仍然是高等职业教育发展问题研究的次领域。高等职业院校作为研究对象已经逐渐在质量保障研究中受到关注，但人才培养、发展与改革、校企合作等问题仍是当前我国高等职业教育发展研究的内容焦点，而质量保障还未引起足够重视。这足以说明，只有高等教育发展的基本问题逐渐解决以后，质量保障研究才会置于一个相对重要的位置。国际上，质量保障是高等教育发展问题研究的次领域，是在发展过程中的问题积累到一定程度以后，兴起的一个新研究领域。

综上所述，要形成具有中国特色的高等职业教育外部质量保障理论体系，研究工作还需要重点突破一些领域。首先，对外部质量保障的中国问题要有一个准确的把握，尤其是在特定的高等职业教育发展环境和需求下，要加强中国问题的特殊性研究，以及解决问题的独特路径。其次，要将视野置于世界高等职业教育发展背景下，研究中国经验的全球示范价值。最后，要从未来高等职业教育发展的可持续性角度去研究外部质量保障的"中国特色"。以上反映出理论体系研究还应该突出历史的、现实的、未来的更多研究视角。

第三章

我国高等职业教育的兴起、扩张与内涵建设

改革开放以后,我国对生产、管理、服务一线的,具有职业能力专门人才的需求空前高涨,虽然我国是劳动力大国,但由于经济发展水平处于"第一次工业化中期的初期阶段"①,而且产业发展由劳动密集型向技术密集型的转型,还将持续很长一段时期。因此,对高技能人才数量的需求将长期处于高增长趋势,所培养的人才也需要在质量上体现出"高素质"和"适应性"。进入21世纪以后,国务院召开了第一次全国职业教育工作会议,并确立了"大力推进职业教育的改革与发展"的国家战略,经过转型、合并等,高等职业院校数量急剧增多,高等职业教育的学生规模迅速扩大,初步形成了"大力发展高等职业教育"的办学格局,我国高等职业教育迎来了第一个快速发展时期。

第一节 我国高等职业教育兴起

高等职业教育的兴起,主要表现为各种办学形式的逐步完善,

---

① 姜大源主编:《当代德国职业教育主流教学思想研究》,清华大学出版社2007年版,第4页。

也表现为办学模式从模糊到稳定发展的变化。潘懋元教授等学者将办学模式定义为"在一定的历史条件下,以一定办学思想为指导,在办学实践中逐步形成的规范化的结构形态和运行机制。"[①] 总的来说,我国高等职业教育的发展基础包括五类学校,分别是:职业大学、成人高等学校、部分本科院校下设的二级学院、普通高等专科学校,以及独立设置的职业技术学院。

这五类学校的办学形式是我国高等职业教育早期发展的基本特征,既是对以"产业特征""实践能力"培养为标志的现代高等职业教育的探索,也为21世纪以后的高等职业教育快速发展奠定了学校基础,这一阶段发展起始于改革开放,至20世纪末期结束。

一 职业大学的发展起点

20世纪80年代,我国东南沿海和少数经济发达地区率先创办了一批新型的地方大学,即职业大学,标志着我国建成了具有高等职业技术性质的专门高校,是我国高等职业教育发展的开端。1980年原国家教委批准了第一批13所职业大学,3年后又新批33所,为我国"现代高等职业教育发展奠定了坚实的物质和人才基础"。[②] 这类学校面向地方招生,顺应了当地社会经济发展和产业发展的需要,但由于缺乏一定的办学经验和办学基础,还明显存在办学条件不足、专业特色不明显、发展不平衡等问题,最后实际上办成了普通高等专科学校。随着职业大学的不断实践和发展,使得社会各界对高等职业教育的认识不断加深,国家和地方层面的政策也越来越清晰和有针对性,一个重要标志是国家确立了"三教统筹"

---

① 潘懋元、邬大光:《世纪之交中国高等教育办学模式的变化与走向》,《教育研究》2001年第3期。

② 平和光、程宇、李孝更:《40年来我国高等职业教育发展回顾与展望》,《职业技术教育》2018年第15期。

和"三改一补"的高等职业教育方针，确定了高等职业教育的办学主体，在发展方向上也进一步明确要突出高等职业教育的办学特色。

1995年原国家教委在《推动职业大学改革与建设的意见》中，进一步明确了职业大学是一类重要办学形式，是高等职业教育的重要组成部分。并要求其"在办学形式上保持相对独立""在办学特色上下功夫"。经过一段时期的改革和发展，部分职业大学或"升本"或与其他院校合并"升本"，而没有完成"升本"的职业大学最终成为高等职业教育的重要组成。

二 普通高等专科学校向高等职业学院发展过渡

普通高等专科学校是我国开展专科学历层次教育的普通高校，"专"字体现了这类学校办学的主要特征：一是这类学校的办学层次定位为专科，主要举办二年或三年的全日制学历教育；二是办学方向的专门化，专门面向生产和服务第一线培养人才。普通高等专科学校在我国高等职业院校规模化发展以前，主要承担高级技能型人才培养的任务，与高等职业院校共同构成了高等职业教育的办学主体。我国高等职业教育以专科层次教育为主，普通高等专科学校的办学性质与历史有一定的关系。从实际的办学情况看，普通高等专科教育早期的办学定位并不清晰，有追求"学术本位"的倾向，还有升格举办本科学校的内在愿望，脱离了"技术应用本位"的办学定位要求，从而导致其在职业技术教育上的办学特色不够明显。

为了进一步促进这类学校有准确的办学定位，规范办学的基本要求，在职业技术教育形成学校的人才培养特色，国家出台了一系列的政策和要求进行规范。1990年原国家教委对普通高等专科学校的办学目标、定位以及今后改革的任务做出了进一步要求，将人才改革聚焦到了面向基层的应用型人才。在《关于推动职业大学改革与建设的意见》中，针对普通高等专科学校在职业技术教育办学中特色不明显的问题，提出了要通过改革现有的普通高等专科学校、职业大学、成人高校，实现高等职业教育的多样化发展。经过多年改革，高等职业院校与普通高等专科学校被纳入同一类型进行院校管理，教育部在 2000 年发布的《加强高职高专教育人才培养工作的意见》中提出："高职高专教育人才培养模式的基本特征是：以培养高等技术应用性专门人才为根本任务；以适应社会需要为目标、以培养技术应用能力为主线。"同时，为了实现对高等职业教育的分类管理，遏制越来越多的高职高专院校升格为本科院校，保持完整的高等职业教育体系和院校结构，2004 年教育部又对高职高专院校升格本科院校做出了极其严格的规定，基本关闭了高职高专院校升格的通道。

三 成人高校举办高等职业教育

我国成人高等学校是通过全国成人高考，招收普通高中、职业高中、技工学校，或中等专业学校毕业的在职从业人员，实施函授、夜大、脱产等多种形式的高等学历教育。我国成人高校的典型教育类型有：远程继续教育、职工大学、干部管理学院、教育学院等。恢复高考以后，成人高校承担了职后继续教育的任务，以满足成人学习的学历文凭教育需求，同时，还承担了开展高等职业教育的职能。

国际上对高等职业教育的定义是广泛的，将成人再教育或继续教育作为了重要组成部分。广义的理解是，高等职业教育是高级专业和职业的课程、资格教育，是高水平的职业教育；狭义的范畴还包括高等教育领域之外的职业教育与培训，由正规的教育机构提供面向成人的继续职业教育与培训。① 有学者认为，高等职业教育的发展应该"面向劳动力市场，应该重视成人的职后再教育和培训"②。

改革开放以后，由于我国在高等教育发展的历史欠账，以及当时普通高校办学条件所限，招收的全日制学生规模小，为了满足人们接受高等教育的需求，高校举办成人非全日制继续教育成为主要途径。一方面是普通高校实施函授、夜大等学历教育；另一方面是一批独立设置的成人高校举办职业教育和培训的成人教育。随着"三改一补"政策的实行，即对已有的普通高等专科学校、职业大学和成人高校进行"改革、改组、改制"，补充有条件中等专业学校改办高等职业教育，对成人高校举办高等职业教育有了新的要求，也为这类高校今后转制为高职高专院校奠定了教育教学基础。

四　本科院校举办高等职业教育

在我国高等职业教育的兴起阶段，"多方社会力量举办，有条件的高校举办"是一个基本思路，"多方社会力量举办"是为了快速发展高等职业教育，为此，国家不仅将院校设置审批权给了地方政府，还创设条件鼓励行业、企业与个人参与办学；而"有条件的高校举办"则是为了发展高质量的高等职业教育，"有条件的高校"主要是普通本科高校。

为了创新发展我国的高等职业教育，也为了解决高等职业院校办学条件差、师资力量薄弱等问题，国家在政策上放宽了举办高等职业教育的学校限制，允许一些声誉好、办学实力强的本科院校举

---

① Daniela Ulicna, Karin Luomi Messerer and Monika Auzinger, *Study on Higher Vocational Education and Training in the EU*, European Commission, p. 22.

② Abrahart, A. and Verme, P., *Social protection in Asia and the Pacific*, Manila: Asian Development Bank, p. 21.

办高等职业教育。很长一段时期，我国一些条件好的本科院校同时举办着多层次、多类型的高等教育，在本科高校办学定位不明确的情况下，研究生教育、本科教育与高等职业专科教育并存于本科高校。笔者在参与教育部2003年的新一轮"普通本科高校教学水平评估"时，发现很多高校在自评报告的办学层次定位时表述为"研究生教育、本科生教育与专科教育并举"，在类型定位时又提出"大力发展本科教育、适度发展研究生教育，兼顾发展高等职业教育、成人教育和留学生教育"。

目前，还有很多高校保留着"职业技术与继续教育学院"，虽然职能发生了变化，但仍然是我国高等职业教育的组成部分。随着独立设置高等职业院校的不断增多，本科院校同时举办高等职业教育也慢慢退出了历史舞台。在特定时期，本科高校补充了我国兴办高等职业教育的力量，但受制于学科型教育的教学条件与产业环境的差异，以及师资队伍对职业教育领域的不熟悉，最终这一形式的高等职业教育因为特色不明显而逐渐被取代。

五 转设、升格、合并组建高等职业技术学院

相对于早期举办高等职业教育的职业大学，我国独立设置的高等职业学院在办学形式更加具有职业教育特征。20世纪90年代，我国开展了高等职业技术学院的建设试点工作，以地方政府投入为主，新建了具有现代职业教育特征的新型高等职业技术学院，为了突出这类院校的职业教育和技术教育功能，原国家教委规定新建高等职业院校要强调行业面向、地方属性，并必须在校名中冠以"职业技术学院"的字样。我国首批设置的"深圳高等职业技术学院"（后更名为"深圳职业技术学院"）就是在这样背景下新建的。紧接着，一批原来条件较好的中专学校升格为高等职业学院，短期职工大学也纷纷转制，还有中专和技工学校合并组建为新的高等职业

学院。

我国现有的高等职业院校布局，主要是这一时期完成的。可以说，这是高等职业教育发展的第一次扩招，高等职业院校数量得到了快速增长，学生规模也得以扩大。1998年教育部发布了《面向21世纪教育振兴行动计划》，这是我国高等教育快速发展的纲领性文件，高等职业教育发展被放到了突出位置，强调是"提高国民科技文化素质，以及发展国民经济的迫切要求"，并在政策上予以倾斜，把当年新增的招生计划定为"主要用于地方发展高等职业教育"。一系列的改革措施表明，发展高等职业教育已成为我国国民经济发展的关键，高等职业教育要面向地区经济建设和社会发展服务，要面向生产、服务与管理第一线培养技术技能型人才，要面向国家发展的未来需求。

为了更好地促进高等职业教育服务地方的职能，也为了更好地落实国家和地方政府分级管理高等职业教育的要求。2000年开始，国家将设置高等职业院校的审批权下放给省级人民政府，实施高等职业院校设置审批的备案制。今天看来，这一政策对于促进地方政府重视高等职业教育的发展，激发社会各界力量举办高等职业教育的活力具有深远意义。主要表现为：第一，下放举办高等职业院校和设置专业的自主权使地方政府办学有了灵活性。省级人民政府可以根据区域社会经济发展的需要，以及地方财政实力，自主选择和发展高等职业教育，能够根据产业发展需求做相应的结构调整，增强了高等职业院校专业对地方产业升级改造的适应性，提升了高等职业教育的社会服务能力。第二，促进了我国各省区高等职业教育发展的多样性。虽然受地方财政所限，各省高等职业教育发展出现了不均衡，但也促进了各省形成了有区域特色的办学和管理模式。第三，调动了社会各界参与办学的积极性。下放省级自主管理的自主权，进一步推动了地市级政府和行业、企业，以及非公有制的其他社会力量参与高等职业教育发展，为高等职业教育发展提供了有力的资金保障。同时，行业和社会发展的需求也能及时反映到高等职业院校的教育教学中，体现了高等职业教育多元管理、全社会参与举办的特点。第四，加强了地方政府管理高等职业教育的力量。分级管理的要求促使地方政府要主动谋划高等职业教育管理与改革，改变了以往的执行国家政策为主的地方管理模式，促进了地方政府要建立符合国家政策框架，又体现区域自主管理的制度体系，外部质量保障制度就是其中重要的一项管理制度。

综上所述，随着国家和地区社会经济的不断发展，在国家政策的推动下，高等职业院校的办学格局已基本形成，我国高等职业教育通过转设、升格和合并等举措完成了整体转型发展。

第二节 高等职业教育扩张

进入21世纪后，高等教育大众化需要有一定规模的高等职业教育作支撑，我国高等职业教育开始了大规模的扩张。在中等专业学校升格、职工大学转设、技工学校合并为新的高等职业院校以后，得到国家一系列政策的支持，高等职业教育迎来了良好发展机遇，院校在发展中的学生规模、办学资金、基础条件、师资力量、内涵建设、管理水平等都得到较大改观和提升。

一 高等职业教育扩张的外部与内部需求

规模扩张是高等职业教育发展最容易被观测的指标，意味着增加了高等职业院校的入学机会，有效地提高了高等职业教育的供给能力，这是普通百姓最关注的教育发展问题。在世界各国高等教育发展中，规模扩张成为首要任务，反映出一个国家的基本人权保障和社会公平，表现为公民能否有充分的机会接受高等教育，以及穷人与富人是否享有平等的受教育机会。

多数国家都是以学校规模和学生规模扩张来推动高等教育的全面发展。英国高等教育发展的重要标志是《罗宾斯高等教育报告》，1963年英国高等教育委员会发表的这份报告中，提出"高等教育毛入学率要从8%提高到17%；高等教育经费开支将从GDP的0.8%增至1.6%"。德国高等教育也在同期得到了快速发展，毛入学率从1950年的4%增至1960年的7.9%，在1980年达到了19.1%。[①] 德国在1991年实现国家统一以后，高等教育也得到了快速发展，"当时的高等教育毛入学率达到31.8%。"[②] 日本在第二次世界大战以后，将高等教育发展作为了国家恢复重建的重要内容，"1990年毛入学率达到36.8%，与1935年的2.5%形成巨大反差。"[③] 由此可见，发达国家的高等教育发展策略，主要做法就是持续不断地扩大规模，"扩招"几乎成为高等教育"发展"的代名词。

欧洲国家高等教育扩招的主要原因是第二次世界大战以后人口剧增，以及战后经济社会发展的重建需要。与其不同，我国高等职业教育扩招则主要是经济发展和缓解就业压力的需要，以及来自高校内部发展的需要。从外部需求看，恢复高考20年以后，国家和社会对高等教育发展的需求，已不再是少数人的精英式教育，"千军万马过独木桥"的高考入学现状需要改革，"满足人民日益增长的高等教育需求"要体现在更多人有接受高等教育的机会。此外，

---

① 姚云、章建石：《当代世界高等教育评估历史与制度概览》，北京师范大学出版社2013年版，第25页。

② [荷]弗兰斯·F. 范富格特主编：《国际高等教育政策比较研究》，王承绪等译，浙江教育出版社2001年版，第173页。

③ [日]有本辉、E. 德维尔特：《日本的高等教育政策》，转引自[荷兰]弗兰斯·F. 范富格特主编《国际高等教育政策比较研究》，王承绪等译，浙江教育出版社2001年版，第208页。

改革开放后的国家经济发展到了一个非常特殊的时期，1998年我国在经济领域实施了"去过剩产能"和"国有企业转制改革"，这需要强有力的高等职业教育作为支撑，需要全面提升劳动力素质。从内部需要看，新合并、新组建的高等职业院校，有自我发展的内在动力，新校园建设、师资队伍增加、办学条件的改善等都需要资金支持，学校只有在规模发展后，才能得到更多的财政资金，以及来自行业、企业的外部支持。而且，规模的发展为新的高等职业院校进行内部专业结构调整，提升教育和管理水平提供了难得的契机。

在外部和内部需求的双轮驱动下，国家给教育发展制定了"教育振兴"的发展目标，首要任务是进入21世纪以后，要在2010年实现高等教育毛入学率15%的目标任务。作为高等教育的重要组成部分，不论是出于毛入学率的要求，还是本科生、研究生规模扩大后，高等职业教育也有规模扩大的平衡发展要求，抑或是经济发展对技能型人才的需求在不断增加，高等职业教育都有迫切的规模扩张需求。

二 高等职业院校是"外力驱动型"的扩张

我国高等职业教育的第一次扩招是在本科生、研究生扩招之后，高等职业院校经过中专升格、职工大学合并、新建等一系列举措，办学条件已有了明显改善，具备了扩大招生规模的院校基础。根据对全国教育统计年鉴的院校数据进行分析，在1998—2003年的五年时间里，高等职业院校数的增量在短期内从431所快速增至908所，增幅达到110.7%（见图3—1），对于当时国家财力有限的情况下，这样的发展速度显示了国家"大力发展高等职业教育"的决心和取得的巨大成就。

从高等职业院校数增长的趋势看出，我国是以"快速增长"方式来实现高等职业教育的发展，尤其是扩招以后的第一个五年，增

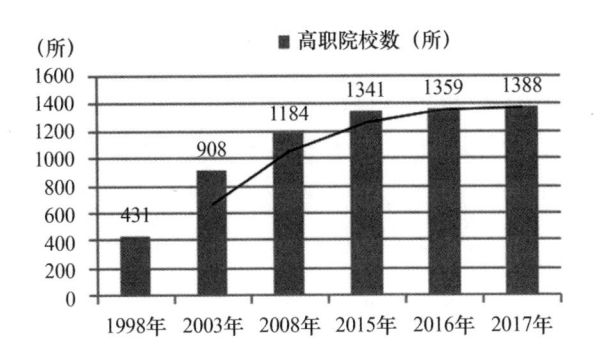

图 3—1 高等职业院校增长数

高职院校数（所）：1998年 431；2003年 908；2008年 1184；2015年 1341；2016年 1359；2017年 1388。

速超过了110%，在2015年后学校数量增加基本趋于稳定，"基本形成了每个地市至少有一所高等职业院校的格局。"[1] 高等职业教育的快速发展不仅体现为学校数量的增加，还形成了各类学校一起举办的多元办学格局。"形成了短期职业大学、职业技术学院、普通高等专科学校、成人高校、民办高校、本科院校内高等职业教育二级学院、极少数国家级重点中专学校等七种类型举办高等职业教育的格局，高等职业教育进入了快速发展时期。"[2] 这样的发展是国家经济社会发展的强烈需求所驱使的，是由政府主导的改革与发展，可以视作为"外力驱动型"的发展方式。

从资金保障和政策影响看，高等教育的扩张可以分为"外力驱动型"和"内生动力型"。前者的办学资金主要来自于政府财政拨款，也受到了国家教育政策的强力推动；而后者的资金来源主要是大学自身的学费收入和私人捐助，受到国家政策的影响程度相对小，但会受到市场，以及学校提升办学声誉和质量的内生需求影响。

按照克拉克·科尔的高等教育结构三角模型分析，国家、学术

---

[1] 周济：《以服务为宗旨，以就业为导向，实现职业教育的快速健康持续发展》，教育部通报，2004年。

[2] 顾坤华、赵惠莉：《我国高等职业教育10年跨越发展的理性思考》，《江苏高教》2010年第3期。

权威和市场总是在此消彼长的系统内运行,在外力驱动型的高等教育扩张中,政府权力的直接推动无疑是至关重要的。"在高等教育系统内,政府的计划和协调起着重要作用,会以不同的极端形式促进和干预高等教育发展。"① 政府权力会以国家政策方式形成对高等教育的影响,美国的"莫雷尔法案"、英国的"罗宾斯报告"、澳大利亚的"马丁委员会报告"、法国的"教育方向指导法"等法案和政策,在历史上都对高等教育的扩张产生过深远和积极的影响。我国高等职业教育扩张也是国家强力推动的结果,得到了国家和省级财政性拨款的大力支持,政府发展高等职业教育的意愿强烈,而"面向21世纪教育振兴行动计划"就是其中最重要的政策支持。

三 在校学生规模不断扩大

我国把高等职业教育培养的人才类型定位为"高素质的技术技能型专门人才",以前人们习惯用各类职业服装的特征,例如,"白领""蓝领""灰领"来直观地认识不同人才培养类型。"白领"是各行业的高级管理人才,"蓝领"是在生产第一线的管理人才,"灰领"是技术工人,分别对应的是普通高等教育、高等职业教育、中等职业教育所培养的人才。承担高等职业教育的各类学校被人们戏称为"蓝领"学校,这类学校主要有企业职工大学、成人高校和普通高等专科学校,人才培养规格体现为"高等级"和"职业性"的要求。

然而,当把"高等性"和"职业性"要求融入教育教学过程,这些旧体系中承担高等职业教育任务的学校完全失去了优势。事实上,国家和社会对这类专门化和技术型人才的需求,主要依靠我国

---

① [荷] L. C. J. 高德格伯勒等:《国际高等教育政策总论》,转自 [荷] 弗兰斯·F. 范富格特主编《国际高等教育政策比较研究》,王承绪等译,浙江教育出版社2001年版,第6页。

普通本科高校的工科人才培养，真正得到发展的是普通高校的工科教育。有数据表明，新中国成立以后工科教育得到了大力发展，"工科学生由1949年的高校在校生28.2%的比例，提高到1953年的37.7%，更是在1965年上升到43.8%"[①]。这样的状况一直维持到20世纪末期，而高等职业教育的专门化人才并没有形成规模。

随着高等职业院校数的增长，这类专门人才的培养状况得以改善，学生规模在数量扩张和增长速度上都得到了大幅提升。根据教育部2004年的教育事业发展统计公报数据，从1998年至2003年，高等职业院校的当年招生数从43万人增加到200万人，增长3.7倍，占普通高校当年招生数的52.3%，其他统计数据也反映出当时高等职业教育发展的速度非常快，"2000年至2005年，我国高等职业教育招生人数和在校生人数年均增长速度分别为35.99%和32.47%"[②]。据教育部2018年的统计，我国目前高等职业院校的招生数为350.74万人，在校生数为1104.96万人，校均在校生规模为6662人，生师比为17.74∶1。[③] 相比1998年117.41万人的在校生规模，已增长了近10倍，高等职业教育得到了非常快速的发展。

为进一步分析在校学生规模变化所反映的高等职业教育发展趋势，本书选取了教育部公开的两组数据进行分析（见图3—2）。一组是规模扩张最快的1998—2008年，可以看出在国家政策的支持下，这一时期高等职业教育的基础虽然薄弱，但在校学生规模却得到了快速扩张；另外一组是2015年以来的近三年，数据表明：高等职业教育的学生规模已基本稳定在1100万人，规模增速已逐渐地趋于减缓，三年新增学生规模仅有5%。目前的高等职业教育发

[①] 徐平利：《职业教育的历史逻辑和哲学基础》，广西师范大学出版社2010年版，第369页。

[②] 吴岩：《高等职业教育发展定位中的若干问题》，《职业技术教育》2004年第19期。

[③] 《教育部2017年全国教育事业发展统计公报》，https://www.moe.edu.cn，2018年7月19日。

展任务已经从规模扩张转向办学内涵与人才质量的提升,院校发展开始走内涵式的发展道路。

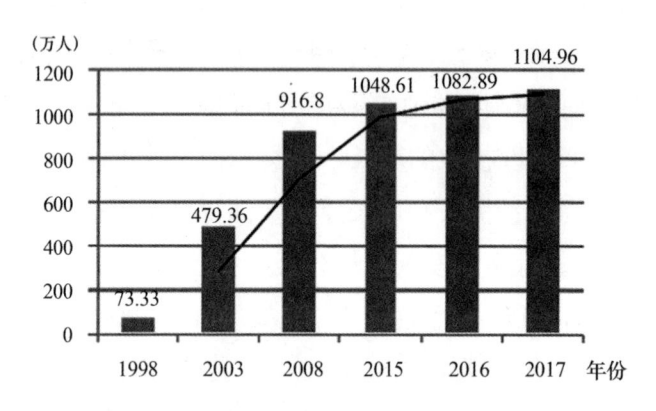

图 3—2　高等职业院校在校生规模增长数

资料来源:教育部全国教育事业发展统计公报。

四　经费保障能力的提高

高等职业教育的扩张需要有充足的经费保障,我国高等教育的投入主要依靠国家财政拨款,高等职业院校的办学经费来源主要有国家财政性教育经费、学费收入、非公有制经济投入、社会捐赠、其他收入五部分,其中国家财政性教育经费投入和学费收入占绝大比例。

在规模快速扩张的 21 世纪初期,高等职业教育发展所需要的经费投入仅依靠国家财政是不能得到完全保障的。有数据显示,在 2000—2005 年高等职业院校增加最快的时期,国家的财政拨款仅占 1/10,"2005 年高职高专预算内财政拨款为 110.32 亿元,仅占全国普通高等教育预算内财政拨款的 10.54%。"[①] 这样的快速发展离不开地方政府和行业、企业的支持。事实上,我国高等职业教育的办

---

① 胡秀锦、马树超:《我国高等职业教育发展的政策环境分析与思考》,《职教论坛》2006 年第 12 期。

学经费渠道，"是以学生缴费为主、财政拨款为辅的原则筹集"①。除此之外，还有教育教学的专项拨款，举办继续教育、职业培训的收入，以及社会捐助等途径。虽然国家和地方政府的财政投入是高等职业院校办学经费的主要来源，但因为高等职业教育发展与行业、企业的关系比较紧密，行业、企业的社会捐助也成为重要的办学经费来源渠道。

我国的高等职业院校的发展从原有的单一财政投入正逐渐向多元投入转变，不同的举办方意味着投入方式也是不同的，当前的举办方主要有四类，相应地划分出了不同的财政投入水平和方式。

一是国家或省级政府举办的，这类高校的财政投入以省级财政为主，由教育部门主管。由于地区经济社会发展的不平衡，区域财政状态决定了这些以省财政为主的高校，在基本生均财政经费的底线保障下，还有较大的省区差异。

二是行业或企业举办的，这是高等职业教育相对特殊的校企合作办学。我国有很多高等职业院校是行业举办的，这些行业和集团企业曾经也是政府管理部门，例如机械行业协会、信息行业协会、大型国有集团公司等。由于20世纪90年代政府机构改革，一些原来的政府管理部门转变为了行业协会，但依然行使着高等职业院校的人事和干部管理职能，而各行业的经济实力也决定了高等职业院校的办学经费投入存在差异。

三是地方政府举办的，这类院校多数是各省地市级原来的中专学校、技工学校升级合并组建而成，其主要财政收入是地方政府拨款，服务地方对技能型人才培养的需要，以及对地方产业发展的支

---

① 桂蟾：《高等职业院校办学经费的现状、问题及对策》，《当代教育论坛宏观教育研究》2008年第7期。

持。从各省的财政支持看,虽然我国明确了高等职业院校生均拨款的基本达标要求,但由于地方政府对高等职业教育的重视程度不同,也因为地方财政的实力不同,在高等职业院校的投入力度上产生了较大的区别。

四是国有企业和民办企业举办的,这类高校举办者在办学经费投入方面,受到企业经济效益的周期性影响,资金投入力度的波动也较大,相对稳定的办学收入主要依靠收取学生学费。因此,学生规模的发展决定了这类学校的办学经费收入。

当前,我国高等职业教育发展的资金保障能力已得到较大提升,《国家中长期教育改革和发展规划纲要(2010—2020年)》中要求"各地根据国家办学条件基本标准和教育教学基本需要,制定并逐步提高区域内各级学校学生人均经费基本标准和学生人均财政拨款基本标准"。国家制定的底线标准是"生均拨款不低于1.2万元",为了提高高等职业教育的资金保障能力,大多数省级政府已通过管理体制改革,将财政拨款统一到政府统筹,改变了由于不同行业、企业、地市级政府管理而带来的资金保障不到位和不均衡状况。

五 高等职业教育扩张的特点

在现代职业教育的发展历史中,出现了很多相关术语,包括"学徒训练、专业教育、技术教育、技术/职业教育(TVE)、职业教育(OE)、职业教育和培训(VET)、职业和技术教育(CTE)等"[①]。作为人类的一种社会活动,职业教育与特定的社会环境以及相关的教育制度、经济条件和文化传统等都有着密不可分的关系,

---

① Rupert Maclean and Ada Lai, "The Future of Technical and Vocational Education and Training: Global challenges and possibilities", *International Journal of Training Research*, Vol. 9, 2011, pp. 2–15.

在不同的国家表现为完全不同的形态。

中国是一个劳动力大国,长期以来,国家一直把发展职业教育,提高劳动力人口素质,作为一项基本国策和教育发展战略的重点。由于我国的劳动力人口基数大,产业对高技能技术型人才需求有巨大缺口等因素,决定了发展高等职业教育的迫切性要超过其他任何国家。在高等教育大众化席卷全球时,中国也将教育发展的重心转移到了扩大规模,在高等职业教育发展的历程中,除了与1999年全国高校扩招同步发展以外,2019年在全国两会上的《政府工作报告》中,我国又向世界宣布:"高等职业院校扩招100万人。"

仅从规模指标看,我国高等职业教育呈现出一个快速发展态势。根据全国教育统计年鉴的数据进行分析,1999年第一次高等教育扩招以后,高等职业院校经过中专升格、职工大学合并、新建等一系列举措,高等职业院校数量增幅得到明显提高。扩招高等职业教育规模是很多国家提升国家实力的重要途径,英国、德国、日本等国都是通过发展高等职业教育或多科技术大学等来改善高等教育结构的,较大地提高了就业率和就业质量,也为这些国家的战后重建发挥了不可替代作用。以英国为例,政府于1956年2月颁布《技术教育白皮书》,决定分地区建设多个层次的高级技术学院以发展高等科技教育,通过改善工科的比例来解决国家重文轻理的高等教育学科失衡问题。"1960年高等学校在校生中,文科所占比重降至53.8%,而理科和工科分别增至17.2%和28.9%。"[1] 以此提升国家的整体科技教育水平。

与世界发达国家的高等职业教育发展相比,中国在发展过程中

---

[1] 曲恒昌:《战后英国高等教育学科结构的调整及其对我们的启示》,《比较教育研究》1997年第6期。

所遇到的情况更为复杂，困难更大，取得的成就也更令世人瞩目。中国没有像英国一样的"双轨制"①的发展基础，在高等职业教育发展的初期，不论是学校地位、规模和质量，以及社会影响力都明显不足，规模的快速发展必然会掩盖很多内涵建设问题，尤其是专业人才培养质量的同步提升。此外，在行业支撑方面，也没有德国"二元制"那样的产业与职业教育深度融合的传统，以致高等职业教育在专业设置和人才培养质量还存在适用性问题。

第三节 高等职业教育发展重心向内涵建设转移

我国高等职业教育的快速发展，既有学校数量的增加、学生规模的扩张、办学经费投入增长等特征，也有人才培养质量提升、专业结构优化、校企融合等内涵建设的变化。高等职业教育的内涵建设与发展是一个复杂的系统工程，是提高办学实力、教学质量和体现办学特色、形成社会影响力的内在要求和关键。

一 以质变求"内涵式"可持续发展

所谓的高等职业教育发展的内涵问题，既涵盖宏观层面的国家事业发展，也有微观层面的院校发展，"高等教育是一种培养高级专门人才的事业或活动，从国家或社会范畴看，它是一种事业；从高校看，它是一种职能活动。因此，高等教育发展便是高等教育系统或高校职能活动由小到大、由简到繁、由低级到高级、由旧到新的量变和质变过程"②。当然，高等职业教育发展的内涵问题，除了

---

① "双轨制"多用来描述英国第二次世界大战以后特有的"精英"与"应用"型大学并进发展的高等教育结构，而"二元制"更多的是国家与地方不同的高等教育管理体制。

② 别敦荣：《论高等教育内涵式发展》，《中国高教研究》2018年第6期。

对本质特征的基本认识以外，还需要在不同时期的历史时间维度加以区分，不同时期的发展内涵也不尽相同。

我国高等职业教育的快速发展表现为：一方面，高等职业院校的规模不断扩大、数量持续增长，院校招生人数、在校生数、毕业生人数呈明显上升趋势；另一方面，高等职业教育规模发展已占到全国高等教育总规模的一半以上，成为高等教育大众化的主要推动力量。随着我国经济社会发展对高等职业教育发展提出的多样性要求，以及人民群众对入学机会和教育公平的需求不断增强，社会对培养高质量技能型人才的要求也越来越迫切。高等职业教育在完成了数量上的外延式扩张以后，需要有"质"的提升，要逐步转向人才质量提升和高等职业院校办学内涵建设的可持续发展。新时期的"内涵式"发展，是以促进学生发展为目的，对高等职业院校的办学定位、专业建设、课程教学、内部管理等内容的全面提升过程。

二 内涵建设要关注"人"而不是"物"的发展

在延续了五年的高等职业院校数量和学生规模高增长势头后，2006年教育部出台了《关于全面提高高等职业教育教学质量的若干意见》，该意见明确了办学要求和发展方向，将质量提升与高等职业院校的内涵建设确立为新时期高等职业教育发展的根本任务，很多先进的职业教育理念被明确为可操作的具体要求。包括：促进就业的导向、以龙头专业构建专业群、校企结合、顶岗实习时间不低于6个月、双师型队伍建设、校内外实验实训平台建设等。对院校的办学定位则明确要求："树立科学的人才观和质量观，发展重心放到内涵建设、提高质量并确保教学工作的中心地位。"我国高等职业教育发展的要求，从规模式增长方式开始转变为教育教学的内涵式建设与发展。

内涵式发展是我国高等职业教育与本科教育的基本要求，在教育部2007年的《关于实施高等学校本科教学质量与教学改革工程的意见》中,首次明确提出了"内涵式"发展的要求,表述为"加强内涵建设,提升我国高等教育的质量和整体实力"。在我国高等教育发展的顶层制度设计里,内涵式发展意味着对高等教育人才培养质量的要求,也是实现质量提升目标的重要途径。

高等职业教育内涵建设,从国家层面看,是教育发展战略的改变;从不计成本、忽视问题的发展,转变为调整结构、重视需求的发展;是对整个高等职业教育体系的宏观管理改革,涉及政府权力结构和权限改革、财政拨款方式改革,以及高等职业院校布局结构的调整等。从微观层面看,是高等职业院校发展方式的改变;从硬件建设、资源获取的发展,转变为专业建设、资源利用的有效提高;是促进教师和学生发展,注重课程质量,关注"人"而不是"物"的高等职业教育教学改革。

三 以教育的"现代性"实现学生"理性价值"的内涵教育

"十三五"时期是国家全面建成小康社会的决胜时期,在《中国制造2025》、互联网+、"一带一路"倡议和创业创新的时代背景下,高等职业教育的内涵建设也有了新任务。当前,我国高等职业教育体系的院校布局、规模发展、制度体系已基本建成,内涵建设的主线依然是"质量线",需要全面深化改革来推动高等职业教育新阶段的内涵发展。改革的主要内容包括专业设置、课程教学内容、问题导向的教学方式,与生产实践无缝对接、产教融合、技术技能型人才培养模式等,重点工作是现代职业教育体系建设。

高等职业教育体系建设,先后出现两个关键词,一个是"立交桥"式的职业教育体系,职业教育是特殊的教育类型,在职业教育体系里有不同的办学层次与不同的人才规格,构建"立交桥"是要破除办学层次和人才培养通道的藩篱,打通教育教学的连贯性,使得这一类型的教育特色更加凸显；另一个是"现代性"的职业教育体系。何谓现代性，哲学家康德将其理解为"人的理性"，规则和道德的约束，都是为了使人获得发展，人是最终的目的。将这一观点运用到职业教育体系的解读，可以理解为现代职业教育体系的建立，是要充分认识生产过程中对知识的要求，改变学校教育的知识结构以及传授知识的方法，将职业知识内化为依附在学生身上的素质和技能，促进学生的个体发展。教育不是为了发展学生的"工具性"价值，即机械运用知识到生产过程，而是促进学生实现"理性"价值，使学生的技能和素质得到全面提升。

现代高等职业教育体系建设将更多地体现为"人本位"，所培养的学生不是生产知识运用的工具，应该是能创造性地运用学校所传授的生产知识，具有创新精神的问题解决者。"现代性"的教育体系，意味着高等职业院校培养学生的理念、教师教学方式、课程计划的内容，甚至是学校与社会的联系等方面，都将发生根本性变革。

本章小结

我国高等职业教育发展的基础是五类不同的办学形式，分别是：职业大学、高等专科学校、成人高等学校、部分本科院校下设二级学院，以及独立设置的职业技术学院。在国家"三教统筹""三改一补"政策指导下，分别开展不同形式职业教育的不同类型高校被划入到"高等职业教育"范畴，从而在思想上统一了对"高等职业院校"的认识。2002年国务院召开了第一次全国职业教育工作会议，确定了"大力推进职业教育的改革与发展"的国家战略，经过转型、合并等，高等职业院校数量急剧增多，高等职业教育的学生规模迅速扩大，初步形成了"大力发展高等职业教育"的办学格局，我国高等职业教育迎来了一个快速发展时期。

高等职业教育在进入21世纪以后，在国家政策支持下院校数量和学生规模得到了快速扩张，其背景是我国2010年要实现高等教育大众化的发展目标。高等职业教育发展受到外部需求和内部需求的共同影响，但外部力量成为最直接的驱动因素，我国的高等职业教育发展呈现出国家"外力驱动型"的特征，是以国家发展战略的高度进行的统筹发展模式。从新增的学校数、在校学生规模、招生规模等指标可以看出，2000—2010年是快速发展的十年，各指标的规模数量均在成倍增长，2015年以后发展速度减缓，高等职业教育发展进入一个"速度与质量协调""规模与结构协调"的发展时期。

在2015年教育部职业教育与成人教育司颁布的《高等职业院校内部质量保证体系诊断与改进指导方案（试行）》中，多次提到"质量"一词，词频高达40次，反映出新的外部质量保障要求中对质量建设的高度重视。其中，加快院校内部质量保障体系，不断进行院校内部自我改进，持续提升人才培养质量，是当前我国高等职业教育外部质量保障的最显著特征。除此之外，政府还通过制定各项政策措施加强质量的管理，引导外部质量保障活动规范有序地开展。

当前，我国高等职业教育发展有两个核心主题，分别是"现代性"高等职业教育体系建设，以及"内涵式"的人才培养质量建设。现代职业教育体系的建立，需要充分认识生产过程中对知识的要求，改变学校教育的知识结构以及传授知识的方法，将职业知识内化为依附在学生身上的素质和技能，促进学生实现"理性"价值。这意味着，高等职业教育发展要从"物"的建设转变为"人"的发展，更多地体现为"人本位"，要培养能创造性地运用大学所传授的生产知识，具有创新精神的解决问题能力的高等职业教育人才。内涵建设，是国家层面的教育发展战略调整和高等职业教育的宏观管理改革，也是高校发展方式的根本性转变，从硬件建设、资源获取的发展，转变为专业建设、资源有效利用的发展，最终要促进教师和学生的个体发展。

第四章

外部质量保障的制度建设与体系运行

高等职业教育质量建设开始于21世纪初，其中，2000—2005年是高等职业教育规模急速扩张的时期，与此同时，质量建设问题开始受到关注。在一定程度上，高等职业教育发展由外延式转向内涵式发展的要求，与高等职业教育质量建设的要求是一脉相承的。在经历了高等职业教育规模的跨越式发展后，国家开始把提高教学质量放在了突出位置，外部质量保障逐渐受到了广泛的重视。

第一节 高等职业教育院校评估制度建立

进入21世纪，高等职业教育对于国家经济建设的意义逐渐被人们所认识，人民群众接受高等职业教育的愿望也日趋强烈。在高等职业教育、高等专科教育与成人高等教育"三教统筹"为高职高专教育之后，高等职业教育的办学规模逐步扩大，规模扩张亟待建立一套健全的质量保障机制，来促进规模扩张与质量发展相互协调。

一 初建"教学工作合格学校试点评估"的院校评估制度

1991年国务院颁布了《关于大力发展职业技术教育的决定》,明确了"要逐步建立职业技术教育的评估制度"的要求,这是我国在职业教育领域首次正式提出评估制度。随着高等职业教育事业的不断发展,外部质量保障与评估制度对规范高等职业院校办学和可持续发展发挥了重要作用。

2000年1月,为了加强对高职高专教育人才培养工作的宏观管理,教育部在《关于加强高职高专教育人才培养工作的意见》中,对高等职业教育的人才培养模式、任务以及教学建设改革等内容做出了明确要求。高等职业教育的改革与发展要实现人才培养质量的提升,"越是在事业规模发展较快的时期,越要重视和加强人才培养工作,积极推进教学改革,不断提高教育质量"。[1] 同年,教育部出台了《高职高专教育教学工作优秀学校评价体系》和《高职高专教育教学工作合格学校评价体系》等指导性文件,并于2001年至2003年逐步推进评估试点工作,完成了对全国26所高职高专院校(包括7所高等专科学校和19所高等职业技术学校)的试点评估工作,拉开了以教育部统筹、省级评估为主导的高等职业教育质量保障的帷幕。

从2004年开始,教育部又进一步明确了促进高等职业教育质量提高的管理要求,具体主要表现在三个方面:一是强化专业建设管理。教育部组建了高职高专教育教学指导委员会,制定了《普通高等学校高职高专教育指导性专业目录(试行)》,颁布了《普通高等学校高职高专教育专业设置管理办法(试行)》,不断加强对

---

[1] 2012 *Annual Report on Technical and Vocational Higher Education in China*, MyCOS Institute; Shanghai Academy of Educational Sciences, 2012.

高等职业院校的专业管理。二是加强实训基地建设。财政部和教育部出台了《职业教育实训基地建设专项资金管理暂行办法》和《中央财政支持的职业教育实训基地建设项目支持奖励评审试行标准》，为实训基地建设提供了关键和实质性保障。三是开展了与人才培养质量相关的教育教学水平评估。

二 建立"周期性"评估制度

我国高等教育外部质量保障体系建立的背景，是高等教育进入大众化后的新建学校激增与学生规模的快速扩张。为了对恢复高考以后的新建本科院校进行规范管理，教育部于1994年启动了"普通本科高校教学工作合格评估"工作，这是全国范围内首次开展的高等学校评估，我国开始建立由政府主导的外部质量保障体系。

高等职业教育外部质量保障的建设中，国家和地方政府是最重要的力量，是国家统筹与地方政府主导相结合的外部质量保障体系。2004年教育部在试点工作的基础上，正式启动了全国范围的第一轮高职高专院校人才培养评估工作，这轮评估是为了落实2006年教育部"全面提高高等职业教育教学质量意见"的具体要求，是国家对高等职业院校第一次开展全面的教育教学评估。由于这一时期新增的高等职业院校较多，没有高等教育的办学经验，急需一套标准来引导高校的办学方向，而另外一个重要因素是我国高等教育外部质量保障已逐渐走向规范化，建立"周期性"的高校评估制度，为高等职业教育评估和质量保障提供了政策依据。

"周期性"评估在欧洲国家较为普遍，是政府根据人才培养的周期性规律，以及教育拨款需要而开展的定期评估。我国在2003年教育部本科教学水平评估中正式提出，建立了"五年一轮"的周期性评估制度。参照本科教学评估的经验做法，高等职业院校的第一轮"人才培养工作水平评估"明确了两个主要任务：一是促进高等职业院校,尤其是新升格、新组建院校熟悉高等职业教育的基本要求和规律;二是促使"所有院校达到合格以上水平"。之后,在第一轮评估经验总结与反思的基础上,教育部于2008年又推出了第二轮"人才培养工作评估",围绕"评估为了什么?谁需要?评什么?怎么评?导向是什么?外部评估如何引导内部质量保障体系建设?"等一系列问题,建立了具有"内涵建设评估"导向的"效—因—果"评估模式,即"从果切入,进而剖析成因、寻求对策,提出有效建议"。[①] 第三轮评估是2015年推行的"职业院校教学工作内部质量保证体系诊断与改进",工作重心从强化外部评估与监控,转向了促进高等职业院校建立"内部质量保障体系"。

  以上的三轮评估虽然有不同的质量管理任务,但一直在探索如何实现高等职业教育发展中各利益相关方的"价值共建"。从"价值判断"向"价值共建"转变,是高等职业教育外部质量保障体系建设的重要改革,政府的教育主管部门在高等职业院校评估实施的不同阶段中,逐渐意识到评估的"价值判断"功能存在局限性。首先,由于评估者掌握着"评价""鉴定"的评判权力,使得评估者与被评估者的主体地位倒置,高等职业院校作为质量建设的主体,却总是被动地接受强制性的质量要求和评判,不利于引导院校树立自主质量意识;其次,评估所强调的结果导向,使得评估出现了一定的功利主义倾向,"不惜一切代价只为获得好的结果"成为高等职业院校迎评的不正常心态,干扰了评估工作的正常开展,学校本应该加强和重视的"自评"环节变成了不正常的"迎评",而弱化了评估过程中的质量建设;最后,因为"价值判断"的话语权总是掌握在少数人手里,包括政府教育主管部门、评估机构和专

[①] 杨应崧:《建设多元化、立体化、制度化、常态化高等职业教育评估体系》,转引自《高等职业院校人才培养工作评估回顾与展望》,高等教育出版社2014年版,第255页。

家，使得评估标准的制定过程变得封闭，标准内容不能更加全面地反映社会各界对高等职业教育质量的要求，也抑制了社会各方力量参与质量保障的积极性。以上问题已严重影响到外部质量保障的功能发挥，为此，教育部在三轮评估方案中在理念和操作规程上都不断进行改革。例如，将高等职业院校称为"参评院校"，而不是"被评者"；在专家进校实地评估过程中强调要"淡化形式、简化程序"；在评估结果设定上"减少层级"的划分；等等。这样的转变体现出我国的外部质量保障开始实践世界先进理念，并不断深入研究外部质量保障与内部质量保障之间的工作机制与联系。

从以上对三轮评估工作的回顾可以看出，我国在外部质量保障建设上做了不懈努力，从借鉴模仿西方质量保障模式，再到结合我国高等职业教育发展的实际，不断探索适应现代职业教育体系建设的外部质量保障。前三轮评估课题研究组组长杨应崧教授认为，我国的高等职业教育外部质量保障建设经历了从幼稚到成熟，从简单到复杂的渐进过程。这样的阶段性评估发展过程还将持续下去，"将由一个阶段接一个阶段组成，后一阶段在以前基础上改革、创新、提升，前一阶段为后续发展提供理论和实践的阶石"[①]。

从评估要求看，2004 年启动的"五年一轮"的周期性高职高专院校评估工作制度，紧密结合高等职业教育的特点和发展规律，强调学校要以服务为宗旨，以就业为导向，走产学研结合之路，努力办出特色，这是与普通本科教学评估的最大区别，也是高等教育评估制度的重要突破，为后期高等职业教育评估制度的改革完善奠定了基础。自此，政府主导的外部质量保障成为常态。

---

① 杨应崧：《建设多元化、立体化、制度化、常态化高等职业教育评估体系》，转引自《高等职业院校人才培养工作评估回顾与展望》，高等教育出版社 2014 年版，第 253 页。

三 在"国家示范性高等职业院校"建设中引入卓越标准

国家级示范校建设是教育部为高水平高等职业院校量身定制的方案，由于水平评估的指标已经不适用一些质量较高的高等职业院校的发展，不能有效鉴别高等职业院校的高水平教学工作，教育部于2006年启动了"国家示范性高等职业院校"计划，重点建设100所高水平的示范院校，并按年度、地区分批推进。在此基础上，又施行了国家骨干高等职业院校建设计划，一般习惯于将这类高校统称为"国家示范骨干高等职业院校"，以下简称为"国家示范骨干校"。

如果水平评估能为高等职业院校办学水平区分等级，那么"国家示范骨干校"就是高等职业的卓越标签，这一政策得到了各省积极响应，被视为高等职业院校卓越标准引导的绩效评估，对我国高等职业教育外部质量保障建设的完整性，具有较高的实践价值。其主要特点表现为：

第一，为我国高等职业教育发展建立了卓越质量框架和标准。新时期的高等职业教育发展是"边建设、边探索"的方式，并没有历史经验可以借鉴，也没有国际同类模式作为参照。"国家示范骨干校"建设积极探索高等职业教育的"卓越"发展标准，体现了最初级的分类分层质量管理思路。严格地说，这一"卓越"标准并不清晰和明确，是开放型的质量框架和要求。各高等职业院校在框架下可以自定指标，体现办学的个性化和特色，并列入质量建设的监测以及验收的依据。以绩效目标为导向的评估管理模式，对于刚刚起步的高等职业教育质量保障是大胆尝试和创新。

第二，探索了国家与省级政府协同管理的外部质量保障模式。方案对国家和省级政府的权责做出了明确规定：经费保障上，中央财政和地方财政按1∶1比例的原则共同分担，以此来调动地方积极性，把蛋糕做大；管理上，教育部负责建设前端的立项评审，省级教育主管部门负责建设期间的督促管理，最终由双方共同协商完成建设项目的验收。

第三，尝试了质量保障的新模式和方法。与水平评估的全覆盖、强制性要求不同，"国家骨干示范校"建设是针对少数院校的自愿参评方式，在评估过程中打破了"好人主义"式的等级评价，以及"能上不能下"的建设监督管理方式，不论选拔评审，还是建设督导，其严格的标准执行给人留下深刻印象。此外，以专业建设为重点，以软件建设为本等项目建设的导向，进一步突出了外部质量保障的"人本位"特色。

示范校建设采用了办学绩效的评估方式，为高等职业教育外部质量保障树立了卓越标准，通过评估，高水平的高等职业院校在教育教学质量上得到了进一步提升。绩效评估不断深化示范性高等职业院校的内部管理运行机制改革，增强了为当地区域经济与社会发展服务的能力，还进一步加强了校企合作深度，为引领高等职业教育的全面发展探索了质量保障新模式。可以说，示范性高等职业院校和骨干高等职业院校建设，为外部质量保障的改革注入了活力，在高水平的高等职业院校质量提升方面做了大胆尝试，大大提高了我国高等职业教育的整体教育教学质量。

第二节　外部质量保障机制建立与运行

外部质量保障的基本制度确立以后，我国开始研究和实施"管办评"分离的运行机制。在高等职业教育评估中，评估执行者既当裁判员，又做运动员的运行模式，一直以来饱受诟病。为此，如何建立管理者提出工作要求，专家委员会制定质量标准，第三方评估机构具体实施的运行机制，成为建立独立、科学、公正的外部质量保障体系的关键所在。

一 建立"管办评"分离的外部质量保障机制

"管办评"分离是我国政府转变职能、推进高等教育管理机制改革的创新举措。具体到高等职业教育外部质量保障改革，就是要建立政府管理、学校办学和外部质量保障各自独立运行的机制，改革的关键环节是对管理的权力结构进行调整，明确不同管理角色的职能，要求外部质量保障能发挥好"缓冲"和"协调"作用。

转变政府管理职能一直是我国政府管理改革的重点，最重要的就是改变全包全揽的"大政府"职能，在权力、权限下放和服务优化方面体现政府管理的重心和优势。李克强总理在针对高等教育的政府转变职能改革中指出："要加快推进高等教育领域'放、管、服'改革。结合高校特点，简除繁苛，给学校更大办学自主权。"政府放权给高校，呼声由来已久，为什么迟迟不见效果，究其原因还是"权"的问题，不论是"管办评"分离，还是"放管服"改革，其核心是三种"权"的重新站位。首先是"权"力，政府管理着经费、项目、指标等高等教育资源，在对资源进行分配时突出了权力的决策权威与习惯，而不愿在科学民主决策方面做深入研究。"放"权的改革，意味着角色的转换，从"权"的高位走向低位，需要有重新站位的改革决心。其次是"权"限，政府对高校的管理范围很广，涉及人财物的方方面面，甚至连高校最有发言权的人才培养改革，也多要围绕政府的指挥棒去运行。政府管理权限泛化必然会遏制高校的自主创新，"管"的改革，实质是重新定义政府与高校在"他我"与"自我"的角色，政府"管"目标，高校"管"内涵，各自留出创新发展的空间。最后是"权"益，高校是高等教育办学的主体，需要有办学的自主权，能够按照高等教育的办学规律进行自主发展的决策，高等学校的权益属性表现为获得应有的政府服务，得到社会的支持与认同。"服"的改革，是保障高校的自主办学权益，也意味着政府管理方式的根本性改变，对于政府而言，何尝不是自我发展的创新驱动力。

随着"管办评"分离的改革深入推进，高等职业教育外部质量保障模式得到了进一步改善，逐渐形成了"政府宏观管理、学校自主办学、社会参与监督"的管理评价模式。这一时期，我国的高等职业教育外部保障机制的特点主要体现为：首先，评估主体由相对单一走向多元结构，从国家层面到地方层面再到社会层面，高等职业教育的评估主体越来越多元化，逐渐形成了国家统筹管理，充分发挥行业、企业和第三方的社会力量共同开展评估的初步格局。其次，评估指标体系的制定更加体现高等职业教育特点。高等职业教育教学的课程建设、专业建设、实践教学和社会评价的内容和方式，都有别于其他层次类型的教育，高等职业教育评估指标体系逐渐符合高等职业教育实际。再次，评估程序和方式更加科学合理，自我评价和专家评价相结合、定期评估和常态评估相结合、水平等级评估和发展评估相衔接。最后，评估结论更具有弹性和导向性，更加强调评估对人才培养的过程质量管理，也更加强调评估对高等职业教育发展的引导，而不是一味地注重结果等级。

二 全国性和地方性外部质量保障机构的建立

由于我国高等职业教育在不同省区的发展极其不均衡，外部质量保障的要求也有所不同，因此，加强全国性和地方性评估机构的建设，成为外部质量保障体系建设的重要内容。我国于1985年颁布的《中共中央关于教育体制改革的决定》中指出："教育管理部门要组织教育界、知识界和用人部门定期对高等学校办学水平进行评估。"这是我国在高等教育评估的顶层制度设计中，最初架构起的评估组织形态，即评估组织或机构主要由教育主管部门、教育界的学术团体，以及社会其他中介组织共同组成。其中政府部门是组织的核心，教育界、知识界和用人部门是其他主要成员。可以看出："早期的高等教育评估组织是以政府为主的，这与西方评估组织的发起截然不同，西方国家早期的教育评估机构来自于非正式的一些学术团体或委员会。"[1]

我国高等职业教育外部质量保障机构的建设，经历了从政府单一主导型向社会多方参与建设的过程，逐渐形成了全国性和地方性外部质量保障机构协同开展工作的组织结构体系。在机构的宏观管理与领导上，主要依据《普通高等学校教育评估暂行规定》中"在国务院和省（自治区、直辖市）人民政府领导下，国家教育委员会、国务院有关部门教育行政部门和省（自治区、直辖市）高校工委、教育行政部门建立普通高等学校教育评估领导小组，并确定有关具体机构负责教育评估的日常工作"等相关规定，进行评估机构的建设。

全国性机构是在2004年我国全面推行高等职业院校人才培养工作评估以后，才逐渐开始建立，主要有两类组织机构：一类是代表政府管理职能部门对全国高等职业院校进行质量保障指导的专家机构，主要有"高等职业教育人才培养工作评估委员会""高等职业院校内部质量保证体系诊断与改进专家委员会"等，通过吸纳全国各地的同行专家建立工作委员会，受政府管理部门的委托开展对各省高等职业教育评估工作的指导、监督和检查的职能，这类组织既有行政管理属性，也有同行专家的专业特性；另一类是高等职业院校自愿参与的学术团体与联盟机构，主要有"中国职教学会高等职业教育质量保障与评估专业委员会""（悉尼协议）应用研究高

---

[1] 刘康宁：《中国高等教育评估组织多元发展的制度文本分析》，《中国高教研究》2010年第6期。

等职业院校联盟"等,各省的高等职业外部质量保障机构与高等职业院校本着自愿参与的原则,加入外部质量保障的学术团体,共同研究外部与内部质量保障的问题与实施路径,以问题导向和学术兴趣实现机构的专业化建设。

地方性机构的建设主要依托地方政府的教育主管部门,多数省份为了转变政府的行政管理职能,合并了原有的教育厅部分职能管理处(室),组建了新的教育评估院、评估中心等。随着我国高等职业教育外部质量保障工作持续深入地推进,地方性机构的专业化建设水平得到了进一步提升,不仅在队伍数量和专业化方面有了较大地提升,还在省级层面形成了各具特色的外部质量保障组织特征。例如,上海市教育评估院形成的国际化特色,其也是我国最早加入国际外部质量保障组织的地方评估机构;江苏教育评估院的项目多元化特色,形成了幼儿教育、基础教育、高等教育的全覆盖外部质量保障特色;云南省高等教育评估中心形成的区域化特色,针对高等职业教育发展的区域特点,构建了分类管理的外部质量保障制度,并在区域化质量保障研究方面形成了特色;而福建教育评估研究中心、重庆市教育评估院等一些新建立的地方性机构,也针对高等职业教育外部质量保障的新趋势,逐渐在高等职业教育质量监测、信息化建设、专业等项目评估上凸显了地方性机构建设的优势和特色。

第三节 我国高等职业教育外部质量保障体系的运行

我国高等职业教育外部质量保障的运行,主要采用了教育部统筹、各省自行组织运行的方式。教育部成立高等职业教育人才培养工作评估委员会,研究制定全国统一的评估指标体系、评估标准,而各省级教育主管部门自行组织或委托专门评估机构,制定能体现各省高等职业教育发展水平的特色指标、实施细则和工作方案,聘请专家开展进校实地考察评估工作。从 2004 年正式启动以来,共开展了三轮评估工作,分别是人才培养水平评估、人才培养工作内涵评估、促进高等职业院校内部质量保证体系建设的"诊断与改进"。

一 突出高等职业院校基础能力建设的人才培养水平评估

在高等职业教育的发展过程中,外部质量保障一直起着关键性的"保驾护航"作用。在 20 世纪初期的规模扩张时期,通过执行办学基本标准,规范了高校办学行为,诊断了发展中存在的问题,达到了最直接的"认识"和"价值判断"的评估目的,"高等教育评估的直接目的在于弄清高等教育或学校的实际状况,鉴别或诊断高等教育或高等学校工作中存在的问题"[①]。在发展的中期阶段,当各省份的高等职业教育呈现出地区差异、行业差别的多样办学格局时,外部质量保障提供了质量分析框架,帮助政府和社会更好地认识高等职业教育发展的实际状况;近期,为了落实现代职业教育体系建设以及内涵式发展的国家职业教育方针,外部质量保障又在引导和促进发展方面发挥了不可替代的作用。

在借鉴普通本科高校合格评估、水平评估的经验基础上,为落实教育部的"五年一轮"周期性评估制度的工作要求。2004 年全国启动了"高职高专院校人才培养水平评估"工作,要求各省级教育行政部门制定本地区高职高专院校人才培养水平评估工作的总体规划和年度计划,并在五年内完成本地区所有高职高专院校的首轮评估工作。至此,全国高职高专院校人才培养水评估工作全面展

---

① 别敦荣:《论高等教育评估的功能》,《高等教育研究》2002 年第 6 期。

开。此轮人才培养工作水平评估方案在借鉴了《普通高等学校本科教学工作水平评估方案》的基础上，制定了一套适合高职高专院校特征的评估指标体系。指标体系共有一级指标6个，二级指标15个，36个观测点，其中产学研结合、教师队伍结构、实践教学条件、专业、课程、职业能力训练和教学质量控制为重点考察指标。评估结论分为"优秀、良好、合格、不合格"四个等级。

为了更好地加强对高职高专院校评估的指导和管理，探索对评估工作的有效监控机制和激励机制，"教育部高等教育教学评估中心组成了'评估抽查'和'遴选示范性高等职业院校'的工作组，对第一轮评估工作的成效展开课题调查与研究。"[①] 各省、市、自治区纷纷对本地区高职高专院校的人才培养水平实施了外部质量保障与评估工作，这一年被称为高等职业教育评估的"全面启动年"。

在高等职业教育评估刚刚起步的阶段，第一轮"水平评估"取得了显著成效。第一，从高等职业教育自身发展来看，各高等职业院校的办学思路和办学定位逐渐得到明确，教学质量观念得以树立，办学指导思想也更加明确。第二，接受评估的学校加大了对教学的投入，学校的实训条件和教学仪器设备得到改善，推进了学校的专业、课程、教材等教学基本建设，优化了高等职业院校的师资队伍结构。第三，一些发展基础好、办学水平高的高等职业院校逐渐显现出办学特色。同时，使更多高职高专院校认识到自身不足和差距，找到了提高人才培养质量的关键环节。第四，通过评估，选优出了一批办学条件好、办学质量优、社会声誉高的示范性高等职业院校，为其他高职高专院校树立了建设榜样和质量的标杆，向社会展现了一流水平的高等职业教育。

---

① 杨应崧：《高职高专院校人才培养工作水平评估实践回顾与思考》，《中国职业技术教育》2006年第16期。

从评估促进高等职业教育与社会联系的程度看，第一轮评估调动了政府和社会参与高等职业教育的积极性，促使外部给予了更大的支持，还增强了经费投入力度和社会影响力，高等职业院校的办学条件和基础设施建设得到明显改善。评估工作起到了良好的引导和激励作用，从一定程度上也说明了评估方案的可操作性和规范性。截至 2008 年，"高等职业院校第一轮评估基本结束，各省、区、市已完成了对 622 所高等职业院校的评估工作"①。

二 聚焦人才培养质量的内涵建设评估

我国高等职业教育前期的蓬勃发展，使高等职业院校规模和数量持续不断增加，院校数量、学生规模等指标均已突破全国高校的 50% 以上，是名副其实的高等教育"半壁江山"。高等职业教育作为高等教育的一个重要类型，已初步形成自己的规模体系，也为现代化建设培养了大量高素质技能型专门人才。但是由于我国高等职业教育过快、超常规的发展，再加上自身管理、外界环境变化等各种因素的影响，规模快速发展也带来了诸多问题，例如毕业生就业质量等问题。面对规模急剧扩张所引起的人才培养质量问题，如何适度控制发展的规模，走内涵式发展的道路，将发展重心转向人才培养质量上，是这一阶段高等职业教育发展的迫切要求。

教育部在 2006 年的"全面提高高等职业教育教学质量的若干意见"中，要求高等职业院校重视人才培养的质量建设，重点是强化质量意识，加强质量管理体系建设，重视社会参与学校的质量评价。为了适应新时期高等职业教育发展的需要，教育部于 2008 年启动了新一轮"人才培养工作评估"，由于此轮评估更加重视人才

---

① 李志宏：《高职高专院校人才培养工作水平评估绩效分析研究》，《教育研究》2011 年第 8 期。

培养的过程和结果，简化了评估的等级标准，又被称为"内涵评估"。

新一轮评估建立了"领导作用、师资队伍、课程建设、实践教学、特色专业建设、教学管理、社会评价"七项内容指标，要求各省、直辖市、自治区在国家评估指标框架下，开展高等职业院校的人才培养工作评估，这意味着高等职业教育外部质量保障的"内涵建设评价"机制开始建立。与第一轮评估相比，"内涵评估"有了更多的新理念、新方法和新变化，尤其是在评估方式上，增加了数据采集平台的使用，提高了评估工作的效率，同时也反映出了高等职业教育人才培养的动态变化过程。

通过对两个评估方案的对比，可以发现，新一轮评估方案的评估主体构成更加多元、评估方法更高效、评估结论更淡化、评估指标更切合高等职业教育实际（见表4—1）。

表4—1　　　高等职业教育新旧评估方案总体对比表

方案名称	评估目的	评估主体	评估内容（指标）	评估方式	评估结论
合格评估	规范办学，促使合格标准达到	教育行政主管部门、评估专家	6个一级指标，15个二级指标，36个观测点	标准参照	优秀、良好、合格、不合格
内涵评估	促进内涵建设	学校管理者、教师、学生、用人单位等	7个主要指标，22个关键要素	数据监测、过程评估	通过、暂缓通过

2004年的水平评估指标制定的逻辑是分解式的，一级指标分解为二级指标，三级指标是对二级指标的解释和说明，属于隶属的包含关系，其结构是"一级指标—二级指标—观测点"。2008年新方案的评估指标包括：7个"主要评估指标"、22个关键评估要素，

以及 55 项建议重点考察内容和数据库说明。

新方案增设了"领导作用""社会评价"两个一级指标，并将"教学建设与改革"分解细化为"特色专业""课程"和"实践教学"。

透过指标看到的第一个变化是，将院校的办学定位与学生培养的效果联系起来。"领导作用"突出了领导班子对高等职业教育发展的重要作用，是一个评价高校"办学定位"的指标，新指标将学校的办学定位与目标导向置于最重要位置，反映了"目标导向"的外部质量保障理念；而"社会评价"则以就业率、报到率、社会捐赠等指标，用以评价高校的社会办学声誉，是结果导向的评价思路。在专家的评估操作中，这两个指标是联系在一起进行分析和评价的。

第二个变化是突出了评估的"育人"内涵。过去笼统的"教学建设与改革"被专业、课程和实践教学三个指标替代，强调专业建设、课程教学是突出了人才培养的主阵地，并在专家组评估方法中独创了高等职业外部质量保障的"专业剖析"和"课程说课"方法，而"实践教学"是高等职业教育区别于其他高等教育类型的重要指标，也反映出高等职业教育人才培养的主要特色（见表4—2）。

表4—2　　2004年和2008年高等职业评估方案的指标比较

序号	2004年水平评估指标	2008年内涵评估指标
1	办学指导思想	领导作用
2	师资队伍建设	师资队伍
3	教学条件与利用	课程建设
4	教学建设与改革	实践教学
5	教学管理	特色专业建设

续表

序号	2004年水平评估指标	2008年内涵评估指标
6	教学效果	教学管理
7	特色自选	社会评价

总之,新一轮的评估方案结合高等职业教育质量保障的新要求进行了优化,是在不断实践的办学过程中总结出来的,是适应新形势下高等职业教育发展,以及人才培养质量提升和外部质量保障的有益尝试。新一轮"内涵评估"在合格和规范办学的前提下,提出了内涵建设的新目标,引导各高等职业院校对"为谁培养人""培养什么人"和"怎样培养人"等根本性教育发展问题,进行质量环节的设计,体现了我国高等职业教育外部质量保障的新趋势和要求。从首轮的"合格评估"到"内涵评估",我国在外部质量保障制度建设上不断完善,反映出由外到内追求质量效益的过程、也突出了高等职业院校要办出特色、重视人才培养目标的实现过程与结果质量。

三 转向内部质量保障的"诊断与改进"

长期以来,我国高等职业院校质量保障主要来自外部影响,政府评估是主要方式,还有来自行业或其他举办方的管理要求,尚未形成基于学校自身主动发展的内部质量保障体系。从质量建设意识看,高等职业院校的主体意识并不强,在评估中更多地表现为被动接受评估和应付上级部门检查的心态,在这样的心态驱使下,使得高等职业院校在内部质量保障体系建设中,缺乏完整性的质量保障闭环系统建设规划,在各个内部质量保障环节的建设上也缺乏持续性,经常是评估通过以后,也意味着学校的该项质量保障工作结束,而不是通过内部质量保障的建设来持续改进人才培养质量。

2011年教育部下发了《关于普通高等学校本科教学评估工作的意见》,明确提出要"建立健全以学校自我评估为基础……与中国特色现代高等教育体系相适应的教学评估制度"。在所有评估制度中,学校内部开展的自评工作对于外部质量保障的有效性都是极其重要的,也是基础性工作。通常情况下,学校自评是以政府公布的评估标准为依据,自己组织专家开展学校自评,很多学校将其作为正式评估专家进校前的演练过程,借此将存在问题"大而化小""繁而化简"。久而久之,自评工作变成了与评估机构和专家的博弈,而没有形成自评与自我建设相关联的内部质量保障机制。

理论上,院校自我评估是大学自治传统下的自我质量管理。范·沃特和韦斯特海吉登在分析欧洲高等教育管理与质量保障模式时,提出了质量保障的"一般模式"[1],校内自评被认为是校外同行评审的基础,是校内管理人员、教师、学生为主体开展的自评。高校对质量的自我评价是大学自治延续至今的传统管理方式,不受外部干扰,自发地开展内部的质量评价。大学自治在高等教育管理的权力结构中表现为"自下而上"的系统特征,"较少受国家权力的控制和影响,政府的政策并非是领导院校、系部进行变革,而是起到辅助作用"[2]。而外部质量保障建立的一个重要原则就是要保护"自下而上"的权力结构,"外部质量保障机制不能阻碍严格、自觉意义上的内部制度生成,要促进大学自我规范的有效实现"[3]。实际上,我国的校内自评还未形成有效的内部质量保障机制,既没有质量保障的主动意识,也没有连续性的保障过程,更多地是为了适

---

[1] F. A. Van Vught and D. F. Westerheijden, *Quality Management and Quality Assurancein European Higher Education: Methods and Mechanisms*, Vol. 1, 1993, p. 30.

[2] [荷]弗兰斯·F.范富格特主编:《国际高等教育政策比较研究》,王承绪等译,浙江教育出版社2001年版,第412—413页。

[3] Brown, R., *Quality Assurance in Higher Education: The UK experience since 1992*,转引自唐霞《英国高等教育质量保证体系》,北京师范大学出版社2012年版,第3页。

应外部评估的要求。

目前,"价值共建"理论在质量保障体系建设,尤其是外部与内部质量保障如何协同发挥作用,已在很多国家有了具体的实践。质量保障的最终目的是要构建"质量共同体",淡化外部质量保障与评估的"主体"与"客体"关系,逐渐消除"主体"的主导地位与"客体"从属地位的差异,通过协商议事的专家评审机制,专家与被评估的学校一起诊断质量建设的问题,并帮助学校建立内部的质量自我诊断与保障体系。"内部质量保证体系的诊断与改进"是我国高等职业教育外部质量保障的最新制度,是以"外部"促"内部",强调高等职业院校的主体地位和自主性的质量保障模式,目的是促进院校质量的可持续改进,形成内部质量保障的"自我造血"机制,符合高等教育质量保障由外及内、内外合力的全球发展趋势。新一轮的外部质量保障建设,力图引导高等职业院校构建内部治理、自我评价、持续改进的教育教学质量管理系统,在国家"管办评分离""放管服结合"的宏观管理背景下,以外部质量保障来推动院校的内部质量保障。

教学工作"诊断与改进"的运行,主要采用专家指导建设与行政抽检复核相结合的方式。目前,全国成立了"诊断与改进"专家委员会,专家来自高等职业院校与中职院校,通过专家咨询来调研和指导学校的内部质量保障体系建设工作,帮助学校提高对人才培养质量问题的"诊断"能力,促进学校持续改进内部质量保障体系建设。行政抽检复核工作则由各省教育主管部门自行组织实施,对学校的内部质量保障工作成效进行复议和审核,这借鉴了"审核制"外部质量保障方式,重点在于提高学校对质量的内生需求和保障能力,而不是教育管理部门强加的任务和负担。

本章小结

为了能有效促进高等职业教育在不同阶段的良好发展，我国建立了"周期性"评估制度、高水平高等职业院校的"卓越"框架，以及"管办评"分离的质量保障机制。实施了三轮高等职业教育人才培养评估，分别是：（1）人才培养水平评估，针对高等职业教育规模快速发展而提出的办学规范要求；（2）人才培养工作内涵评估，引导高校促进"人"的发展；（3）内部质量保证体系"诊断与改进"评估，以"外部质量保障"促进"内部质量保障"的建设，强调院校的主体地位和自主性，促进院校质量的可持续改进。

第五章

我国高等职业教育外部质量保障建设的有效性

由于我国外部质量保障体系建设的时间相对较短，借鉴了德国、英国的职业教育发展经验和外部质量保障理念，在外部质量保障体系建设中难免会因为不同国情和需要，出现适应性和有效性问题，甚至会引起评估对象的反感和抵触。一项前期调查表明，经过前后两轮评估，外部评估的信任危机依然存在，不同的利益相关者对评估的认可度也存在很大差异，"专家、教师和学生对外部质量保障的认同度差异明显，一些质量保障环节效果不明显"[①]。开展有效性调查，对于认识评估者与被评估者的态度分歧，对于构建"共同价值"的新型外部质量保障体系，对于质量保障工作的成效问题研究，有着极其重要的研究意义，是研究工作对事实"发现"的需要。

第一节 "有效性"调查设计与内容维度

围绕外部质量保障建设如何实现促进院校教育教学质量的提

---

① 刘康宁、张星星：《高职院校师生对评估认同的实证研究》，《昆明冶金高等专科学校学报》2013年第3期。

升、促进教师学生个体的发展等问题,在研究过程中,自行设计了调查问卷,对全国 104 位评估专家,以及 4 个省市的 10 所高等职业院校,共 631 位受调查者,进行了外部质量保障的运行有效性的调查与实证分析。

一 问卷题项与内容维度

问卷调查采用匿名调查的方式,共有 29 个题项,包括三个主要内容:调查对象的基本信息自变量分析,我国外部质量保障运行的有效性调查,以及外部质量保障建设的现状调查。

(一) 基本信息的自变量分析

包括对象身份、所在单位、性别、工作年限和省区 4 个自变量因素。对象身份划分为评估专家、高校教师;所在单位划分为高校、教育行政管理部门、教育研究机构、政府教育评估机构、"第三方"评估机构和其他单位或机构六个题项;从事的年限分别为 5 年及以下、6—10 年、11—15 年、16—20 年及 20 年以上五个选项;所在省区的划分有云南省、广东省、福建省、重庆市四个省、直辖市。

(二) 质量保障体系的有效性调查

研究将有效性的内容维度划分为:和谐关系维度、评价的独立客观性、组织机构的可持续发展、个人职业发展和促进质量的持续改进五个内容维度;共有 19 个题项。(见表 5—1)

在问卷内容设计中,五个内容维度分别由不同的题项组成,主要维度内容有:

第一,"构建和谐关系"维度有 3 个题项,包括第 1、6 和 7 题;分析内容有:高等职业院校的管理质量中应该加强的力量,外部质量保障如何促进内部质量保障建设,以及外部质量保障活动的常态化问题。

第二,"外部质量保障的独立客观性"维度中有6个题项,分别为11、12、13、16、18和19题;分析内容有外部质量保障的独立判断,与高校的需求沟通,对高校的尊重程度向利益相关者反馈结果,第三方机构的性质,评估的管理主体与执行主体的关系等问题。

表5—1　　外部质量保障体系有效性调查问卷维度划分

内容维度		具体的内容与问题
外部质量保障的有效性	和谐关系	1. 在高等职业院校的质量管理中,当前最应该加强的力量是
		6. 外部质量保障机构或组织的工作重点应促进评估院校内部质量保障
		7. 外部质量保障活动的常态化是高校教学工作的有力保障
	外部质量保障的独立性客观性	11. 当前外部质量保障机构或组织的独立性价值判断
		12. 外部质量保障的标准是应与利益相关者协商确定的
		13. 外部质量保障对高校意见的尊重程度
		16. 外部质量保障活动注重与高校等利益相关者进行评估结果反馈
		18. 对非政府的第三方外部质量保障机构或组织建设的态度
		19. 外部质量保障活动已经实现了管理主体和执行主体的分离
	评估机构的可持续发展	4. 对所在省区的外部质量保障机构或组织的现状满意度
		5. 外部质量保障机构或组织的未来发展的期待
		14. 外部质量保障机构已有资源满足自身发展需要
		15. 外部质量保障机构或组织的自我审查机制
	促进个体发展	9. 外部质量保障的使命和教师学生的职业理想相关性
		10. 外部质量保障活动促进高校教师投入教学的主动性
	促进质量的持续改进(有效性)	2. 区域的高等职业教育发展与外部质量保障的关系
		3. 外部质量保障对高等职业教育发展的促进作用
		8. 外部质量保障对高等职业院校教学质量的提高
		17. 外部质量保障中持续改进建议的有效性和针对性

第三,"评估机构的可持续发展"维度中有4个题项,分别为

4、5、14 和 15 题；对应内容有对保障机构的工作满意度，对机构未来发展的期望，机构现有资源满足自身发展的需要，对机构自我审查机制的认可度问题。

第四，"促进个体发展"维度有 2 个题项，分别为 9 和 10 题；对应内容有：外部质量保障目的与教师、学生发展的相关性，以及对教师教学积极性的促进作用。

第五，"促进质量持续改进"维度中共有 4 个题项，分别为 2、3、8 和 17 题；主要内容有：外部质量保障与区域高等职业教育发展的关系，对高等职业教育发展的促进作用，对高等职业院校教学质量的提高，以及外部质量保障中持续改进建议的有效性和针对性。

(三) 外部质量保障体系建设的事实现状调查

外部质量保障的事实现状调查，由 6 个问题组成，主要涉及影响外部质量保障效果的因素、面临的发展机遇、评估专家构成、当前存在的主要问题、需要提升的环节、下一步重点建设的内容等问题。这部分内容是多项选择，已做了数据的归一化处理，将结合个人信息的统计自变量，进行评估专家与高校教师的差异比较，评估机构、高校、行政管理部门等不同角色的比较，以及四个不同省区的比较。

二 问卷的信度和效度检验

问卷的信度检验采用了克隆巴赫 α 信度系数，检验问卷整体和各问题维度的"内在一致性"。检验结果表明："有效性"调查量表的 19 个题项整卷信度系数为 0.881，问卷具有很好的可靠性和稳定性（见表 5—2）。具体到 5 个有效性内容维度的信度系数，分别是："构建和谐关系"维度的题项内部一致性系数为 0.475；"评估的独立客观性"维度系数 0.756；"评估机构的可持续发展"维度系数 0.695；"促进个体发展"维度系数 0.708；"促进质量持续改进"维度系数 0.677（见表 5—3）。

表 5—2　　　　　　　调查问卷 α 信度系数

Cronbach's Alpha	基于标准化项的 Cronbachs Alpha	项数
0.876	0.881	19

表 5—3　　　　　　　各内容维度的信度系数

内容维度	构建和谐关系	评估的独立客观性	评估机构的可持续发展	促进个体发展	促进质量持续改进
α	0.475	0.756	0.695	0.708	0.677

问卷的效度检验采用了 KMO 和 Bartlett 因子分析方法，通过主成分因子分析，判别与问卷内容维度结构的一致性。表 5—4 结果显示：KMO 检验值为 0.918，表明适合进行因子分析；而 P 值小于 0.01，表明指标维度之间具有显著的相关性。

表 5—4　　　　　　　**KMO 和 Bartlett 检验**

Kaiser-Meyer-Olkin（KMO）		0.918
Bartlett 的球形度检验	近似卡方	3890.652
	df	171
	Sig.	0.000

通过"主成分因子贡献率碎石图"（见图 5—1）分析，在 19 个有效性题项中可以概括为 3 个主要变量，分别是："外部质量保障机构的建设""外部质量保障的促进作用""外部质量保障与区域、个体发展的关系"，这与研究划分的内容维度相近，反映出问

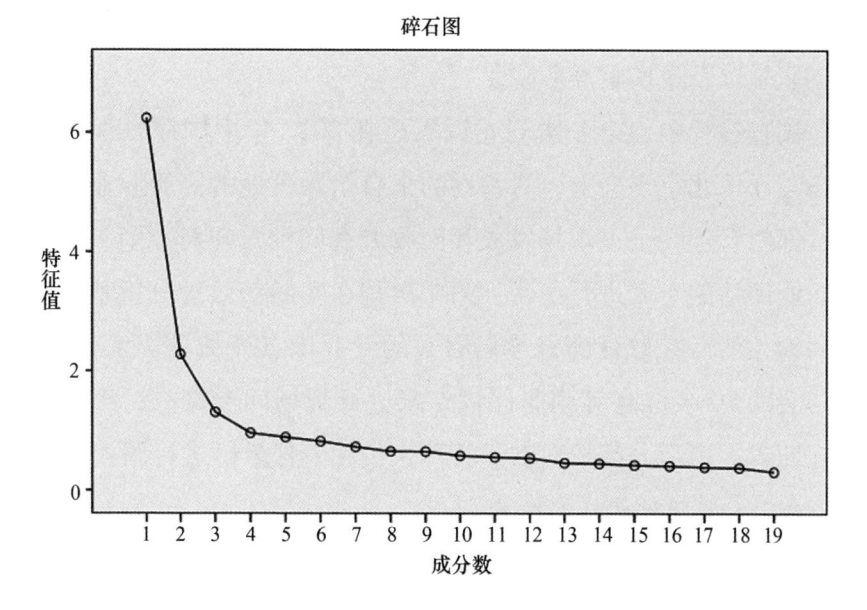

图 5—1　主成分因子贡献率碎石图

卷内容结构对于研究问题是有效的。

三　调查步骤与对象样本结构

研究采用了非随机方式,对参与过高等职业院校评估的全国专家,以及 4 个省区的高校发放调查问卷,以匿名方式进行调查,调查步骤完整,由于采用现场发放问卷的方式,问卷回收率达到 100%,各个问题回答的完整率和有效率也较高。

(一)调查步骤

此次调查在中国职教学会质量保障评估研究会,以及教育部职教中心研究所的支持下,对来自全国的 104 位评估专家进行了现场问卷调查;同时对福建、重庆、云南、广东四个省市的 527 名高校管理人员和专任教师进行了问卷调查,并对评估专家及其高等职业院校进行了访谈。共发放和回收有效问卷 631 份,调查的 9 所高等职业院校分别为昆明工业职院、云南机电职院、云南城建职院、广东惠州职院、广东中山职院、广东工贸职院、福建闽北职院、重庆科创职院以及重庆财经职院。

调查过程中，第一次问卷调查是在2017年中国职教学会质量保障与评估北京年会上，对参会的来自全国各地的高等职业院校专家、部门管理人员，现场发放和回收调查问卷，并对个别参加过高等职业评估的专家进行访谈；第二次是在问卷信效度分析基础上修订问卷，然后在教育部督导局召开的专业试点评估重庆工作会上，对与会的50余位高等职业评估专家进行现场问卷调查；第三次是委托四省、市部分高校对教学管理人员和专任教师进行调查。

(二) 调查对象样本结构

本次调查对象共631人，其中，评估专家104人，占比为16.5%，参评院校老师527人，占比为83.5%。

共有10所高等职业院校参加此次调查，覆盖类型广泛，有公办、民办；综合类、财经类、工业类高等职业院校。这些高校分布在云南省、广东省、重庆市和福建省四个省市，其中广东高校有238人参加此次调查，占比为37.7%；云南高校149人，占比为23.6%；重庆高校81人，占比为12.8%；最少的为福建高校，人数59人，占比为9.4%。

对样本的"所在单位"进行属性分析，可以看出样本的单位分布较广，不仅有高校的教师，也有来自行政管理部门、教育研究机构，甚至有来自评估机构的人员，除了政府教育评估机构外，还有第三方评估机构的人员。但由于没有针对性地调查一些机构对象，高校以外的样本数较少，所以没有对其变量属性进行差异分析。在样本结构中，高校参加此次调查的人数最多，为595人，占比为95.5%；其他的仅占4.5%。

工作年限的划分主要分为5年及以下、6—10年、11—15年、16—20年以及20年以上五个阶段，在这五个阶段中，参与调查的对象工作6—10年的人最多，人数为166人，占比为27%；其次为工作20年以上的和工作5年及以下的，人数分别为146人和145人，占比分别为24%和23%；其余的分别为工作11—15年的调查对象，人数为109人，占比为18%；工作在16—20年的人数最少，人数为53人，占比为8%。根据工作年限可以看出，绝大多数的样本都经过一轮教育评估工作，有近一半的调查对象甚至参加过两轮高等职业院校教育评估工作。

第二节　高等职业教育外部质量保障运行的有效性

我国高等职业教育外部质量保障在经历了2004年水平评估与2008年内涵评估以后，保障体系已日趋完善和成熟，在高等职业院校的办学条件建设、管理规范、质量意识树立等方面发挥了重要作用。对于有效性问题的研究，不仅是为了总结经验、分析问题，也有外部质量保障建设的元评估需要，以促进外部质量保障建设能更有针对性地服务于高等职业教育发展。

外部质量保障的有效性表现为两方面：一是在高等职业教育发展过程中起到了实际的保障作用，实现了评估和质量保障的促进功能，具体表现为引导高等职业教育发展符合国家和省市的政策导向，高等职业教育的各项发展指标有了明显改善；二是外部质量保障的科学性判断，包括对指标内容的有效度、评估方法的科学性、组织运行的合理化、评估结果的可信度等问题。

一　外部质量保障中的和谐关系

外部质量保障中，评估专家团队、高等职业院校、政府相关部门、行业或社会第三方机构都在不同范围发挥着作用，和谐的各方关系是评估得以顺利开展的基本保障，也是赢得教育系统内部和社会外部对评估工作理解、认可的必要条件。

（一）高校在质量保障中最为势弱

在"高等职业外部质量保障最需加强的力量"题项调查中发现：首先需要改进和加强的是院校内部自我改进；其次为政府的重视；再次为社会公开与监督；最后是评估专家队伍建设。（见表5—5，图5—2）

表5—5　　　　高等职业教育外部质量保障最需加强的力量

		频率	百分比	有效百分比	累计百分比
有效	外部专家评估	44	7.0	7.2	7.2
	院校内部自我改进	342	54.2	55.6	62.8
	政府的重视	163	25.8	26.5	89.3
	社会公开与监督	66	10.5	10.7	100.0
	合计	615	97.5	100.0	
缺失	系统	16	2.5		
合计		631	100.0		

政府、高校、专家团队、社会行业是高等职业教育质量保障的主要参与者，分饰不同的角色任务，共同构成了高等职业教育发展的利益共同体。20世纪80年代西方国家在高等质量保障研究提出了"利益相关者"理论，认为利益相关者是与高等教育关系密切对象的统称，包括大学、政府、市场等其他角色，"所有的利益相关者对高等教育质量都有驱动作用"[①]。

随着我国三轮高等职业评估的深入，参与受调查者普遍认为，

[①] Riad Shams, S. M. and Z. Belyaeva, "Quality Assurance Driving Factors as Antecedents of Knowledge Management: a Stakeholder-Focussed Perspective in Higher Education", *Russia*: *Journal of Knowledge Economy*, 2017, pp. 1 – 14.

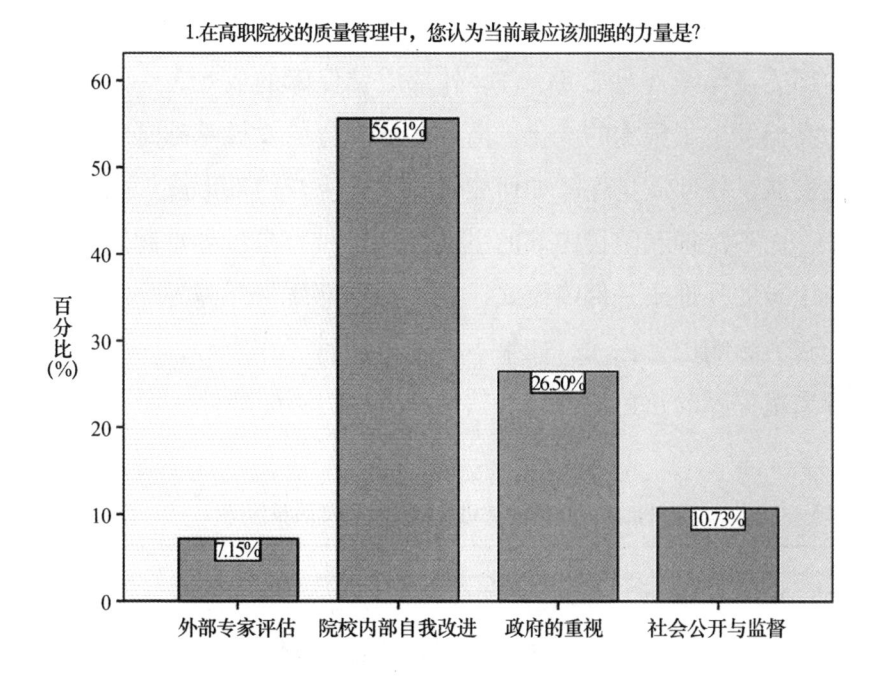

1.在高职院校的质量管理中,您认为当前最应该加强的力量是?

图5—2 高等职业院校质量管理中最应该加强的力量的分析

目前最为薄弱的力量是高校自身,外部质量保障的建设没能有效地促进高校内部自我改进。与此相反的是评估专家队伍建设,我国高等职业教育评估一贯重视专家队伍建设,早在第一轮评估就制定了"专家工作规范要求和指南",经过多年建设以后,专家队伍已成为一支外部质量保障的有效力量。关于"政府管理"的作用,受调查者认为依然很重要,这也是受我国"政府主导"外部质量保障的影响。而"社会监督与信息公开"也越来越受到更多的关注,但从社会角色参与外部质量保障的重要性来看,这一群体仍然是有限度地参与质量管理,其质量保障的作用十分有限。

(二)外部质量保障应促进高校的内部建设

外部质量保障是手段,最终目的应该是促进高校内部质量的提升。外部质量保障与内部质量保障是各自独立的运行体系,但在促进高等教育的发展方面,两者又有交叉的相互影响。

多数受调查者赞同外部质量保障的重点工作要落实到促进院校的内部质量保障（见表5—6），外部质量保障的成效之一，应该体现为高校发生了根本的变化。高等职业教育的发展基础是每一所院校的发展，外部质量保障如何能做到促进院校内部形成强烈的质量意识，而不是抑制院校内部的主动性，这一直是世界难题。我国是政府主导的外部质量保障模式，在推动外部质量保障时，政府管理中的权力影响也会深入，如果不能及早调整工作重心，一味地突出外部质量保障的角色地位，评估的有效性将不断降低。

表5—6　　　　外部质量保障应促进评估院校内部质量保障　　　（单位：%）

		频率	百分比	有效百分比	累计百分比
有效	非常同意	216	34.2	35.1	35.1
	比较同意	313	49.6	50.8	85.9
	一般	82	13.0	13.3	99.2
	不同意	5	0.8	0.8	100.0
	合计	616	97.6	100.0	
缺失	系统	15	2.4		
合计		631	100.0		

（三）常态化的外部质量保障才更有效

"常态化"问题调查有两层含义：一是外部质量保障是持续不断的过程，是经常性活动；二是评估内容是有连续性的。

从受调查者态度看，多数人对外部质量保障是欢迎的，希望能经常性地开展这类活动。外部质量保障的结果，一般会与政府拨款数额相关，这甚至是国外大学获得政府财政和社会捐助的主要依据。我国的高等职业院校拨款方式是生均定额拨款，根据在校学生规模，高校获得相应的办学经费，评估结果对高校的直接影响是招生指标，在高等职业院校第一、二轮评估的结果说明中，都有"不合格或不通过的高校，将逐年减少招生规模"。

表5—7　外部质量保障活动的常态化是高校教学工作的有力保障

		频率	百分比	有效百分比	累计百分比
有效	非常同意	166	26.3	26.9	26.9
	比较同意	350	55.5	56.6	83.5
	一般	91	14.4	14.7	98.2
	不同意	11	1.7	1.8	100.0
	合计	618	97.9	100.0	
缺失	系统	13	2.1		
合计		631	100.0		

当然，对于一些没有"合格通过"危机的高校而言，评估结果的影响是获得更多的项目支持，在很多关系到学校发展的政府支持项目中，都有评估结果的前提要求。例如，国家和省级的"示范骨干校"建设都会对人才培养评估结果提出要求，高等职业院校是一个台阶接一个台阶地渐进发展，每上一个台阶都有相应的评估达标要求。

常态化的评估受到广大教师欢迎，还有一个重要原因是，随着评估工作的持续不断，虽然对教师教学的要求越来越严格，但关注教师发展的指标也越来越多，例如，专任教师外出学习和提升的要求，让教师成为受益者。

二　外部质量保障体系的独立性客观性

为探求高等职业教育外部质量保障的独立性客观性，从外部质量保障的独立判断，与高校的需求沟通，向利益相关者反馈结果，第三方机构的性质，评估的管理主体与执行主体的关系等问题进行了调查。

（一）外部质量保障机构与政府管理部门的界限不清晰

我国外部质量保障机构的组织特征，如果以组织设立的主体或者发起者来源分类，可以概括分为自上而下的组织（top-down）与自下而上的组织（bottom—up）。其中的"上"是指政府，"下"则指民间社会。[①] 具体对应分为"政府性（官方）、偏政府性（半官方）和民间性"三类。

在调查和访谈中，对于外部质量保障机构的独立性价值判断问题，63%的受访者认为"还需努力"（见表5—8），多数所持观点是外部质量保障机构在开展评估时，更多地会倾向于政府管理部门的要求，没有一套自己的、独立的、不受干预的价值评判标准，这样评估得到的结果具有较强的政府管理部门的期望色彩。在我国，外部质量保障机构的独立性还未得到充分体现，政府型和半官方的机构特征，很难划分政府与第三方机构的界限。

表5—8　　外部质量保障机构或组织的独立性价值判断

		频率	百分比	有效百分比	累计百分比
有效	已完全实现	15	2.4	2.4	2.4
	基本实现	181	28.7	29.4	31.8
	还需努力	388	61.5	63.0	94.8
	短期内不可能	32	5.1	5.2	100.0
	合计	616	97.6	100.0	
缺失	系统	15	2.4		
合计		631	100.0		

在外部质量保障的"管理主体与执行主体关系"调查中（见

[①] 张建新、刘康宁：《半官方高等教育学术评估中介机构模式探讨》，《玉溪师范学院学报》2008年第24期。

图5—3），45%的受调查者认为管理者和评估者几乎是合为一体的，并没有清晰的界限。对于评估方案的实施，管理者和评估者应该是互不干涉的，管理者是评估计划的委托人，而评估者是执行方。在评估方案制定时，各利益相关方会一起商讨和确立评估标准，将各方的价值诉求进行协调，一旦方案确定以后将各司其职、互不干预，这是"第四代"评估理论所倡导的价值共建。我国的高等职业院校评估并没有完全融入这样的价值理念，很多省并没有专门的专业化外部质量保障机构，政府既是评估管理主体，又是评估活动的实施主体，行政管理部门在提出管理要求，同时又直接组织评估工作。界限不清导致了政府职能转变没有得到有效落实，在评估中还将管理的经验性判断，替代了评估所要求的科学性判断。

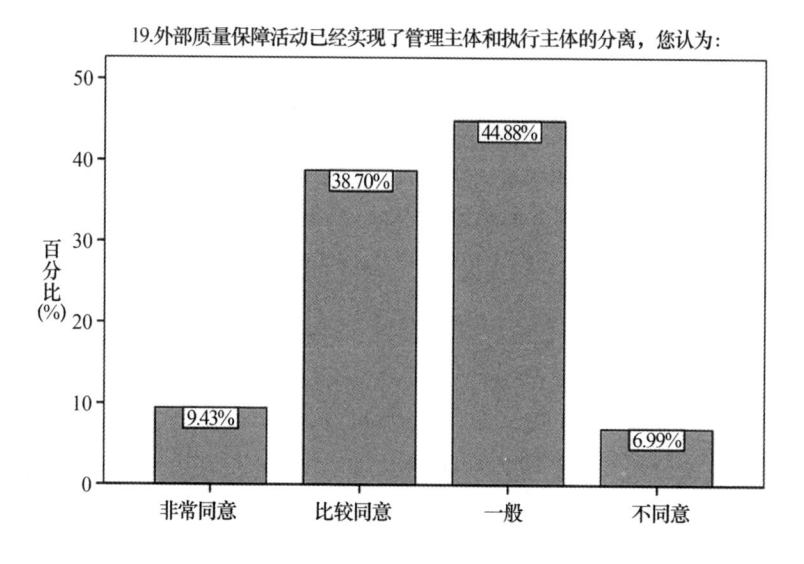

图5—3 管理主体和执行主体分离的判断

正因为如此，大家对建立真正意义上的"非政府第三方"评估机构抱有很大期待，有87%的受访者强烈支持建立这样的机构（见图5—4），希望第三方机构在性质上、在执行评估要求的方式上，与政府的行政管理不同，体现更明显的独立性价值。我国非政府第三方机构实施的高等职业教育外部质量保障还在理论探讨阶段，受调查者的支持态度其实是对评估公正性和独立性的期望，期望增强评估的可信度和有效度，增强评估结果的透明度，进一步推动高等职业教育管办评分离的治理体系改革。他们认为应积极鼓励、推动专业机构和社会组织参与，建立健全政府、专业机构和社会组织等多方参与的外部质量保障体系。

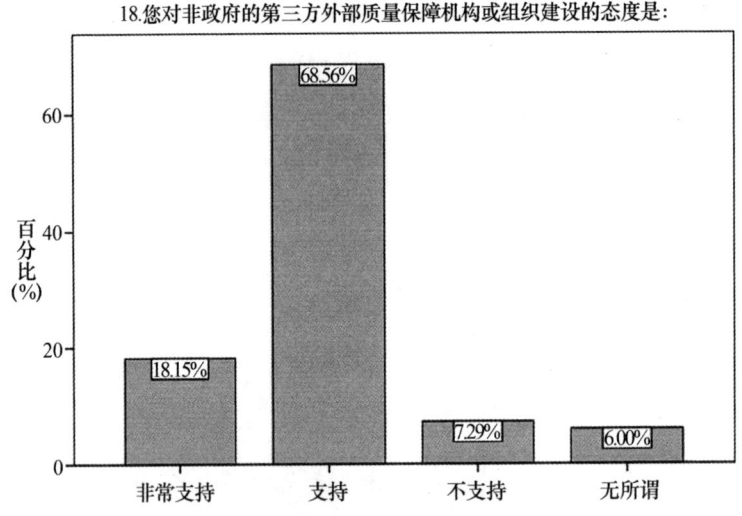

18.您对非政府的第三方外部质量保障机构或组织建设的态度是：

图5—4　建设非政府第三方机构重要性

（二）应建立外部质量保障标准的协商机制

随着外部质量保障理论研究的深入，对外部质量保障标准的制定环节也时常有争论，焦点是标准制定是体现政府管理者的要求，还是要体现更多利益相关者的需求，是否需要建立协商机制。这一问题讨论的核心是评估中如何建立议事规则，看似非常小的问题，其实涉及的是评估主体地位平等、评估权力平衡、质量标准的多元价值等。

有近50%的受调查者认为在当前运行的外部质量保障中，高校

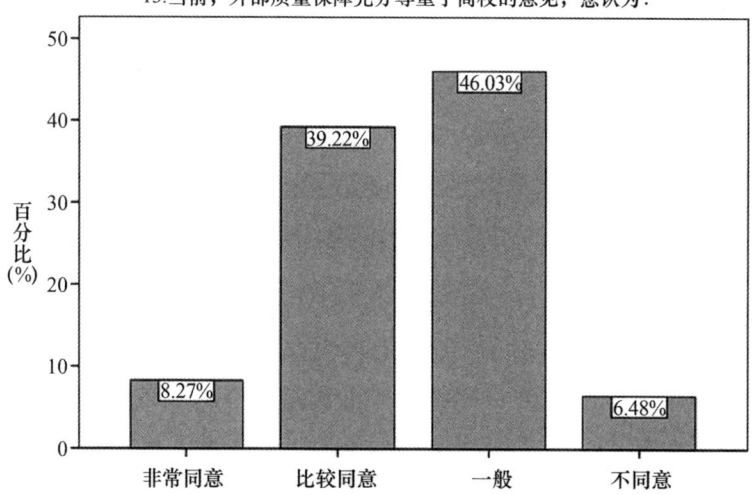

13.当前,外部质量保障充分尊重了高校的意见,您认为:

图5—5 与利益相关者协商确定标准

的意见并没有得到充分尊重和体现(见图5—6),高校的"评估主体地位"仍然是个理想化概念,实际过程中没有可操作化的方案赞同。外部质量保障活动的最主要目的是促进高校建立健全、完善的

12.外部质量保障的标准是应与利益相关者协商确定的,您认为:

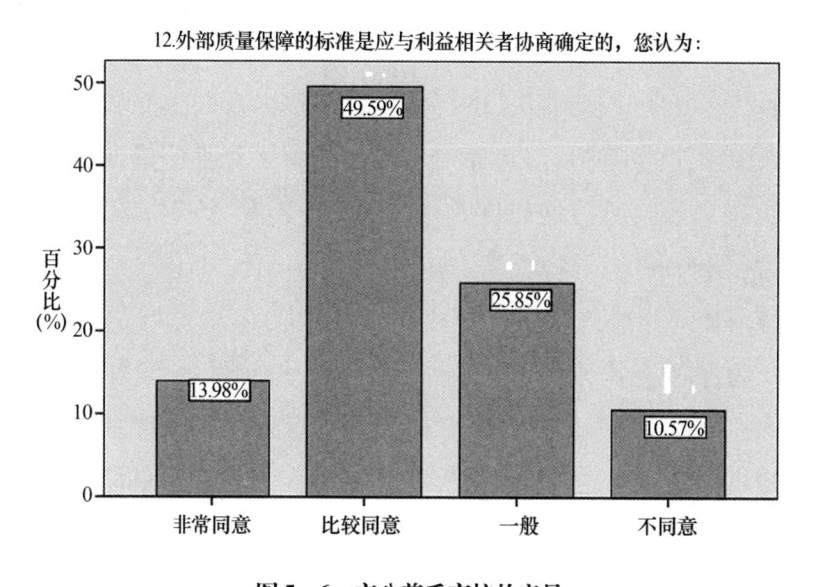

图5—6 充分尊重高校的意见

高校内部质量保障体系。为此，外部质量保障标准的建立，应考虑到高校的实际发展需要。

与此同时，超过50%的受调查者赞同应该在外部质量保障的标准制定中，与利益相关者进行充分沟通与协商，将标准制定变为各方都真正参与其中，各方都有发言权，建立公开透明的议事规则。评估标准是开展评估活动的关键，是外部质量评估机构与被评估部门之间的桥梁。随着评估理论的发展，从最初的测量、描述、价值判断到现在的价值构建，充分表明：评估标准的制定不应是外部质量保障机构单方面的构建，而应是建立在评估机构与高校之间价值共建基础上。这意味着，认同评估利益相关者作为评估活动的重要参与者，也是评估信息的使用者。

三 机构的可持续发展

"评估机构的可持续发展"维度相对应内容有对保障机构的工作满意度，对机构未来发展的期望，现有资源满足机构自身发展的需要，对机构的自我审查机制的认可度问题。

（一）对外部质量保障机构运行的满意度

对机构的工作运行状态的评价，也从侧面反映出受访者对外部质量保障工作的满意度。大家对所接触的省区外部质量保障机构的运行状态，普遍所持的态度是"一般"，还有8.12%表示"不满意"（见图5—7）。

进一步对"外部质量保障机构或组织的未来发展"的期望调查，认为保障机构未来发展有很大空间和前景的居多，占比为57.4%。（见图5—8）绝大多数的受调查者期待我国现有的外部质量保障机构能得到进一步发展。机构建设作为外部质量保障建设的重要组成部分，其发展状况正受到越来越多的关注，也需要政策环境的支持，还需要各类硬件资源和软件资源的投入。

4.您对所在省区的外部质量保障机构或组织的现状是否满意?

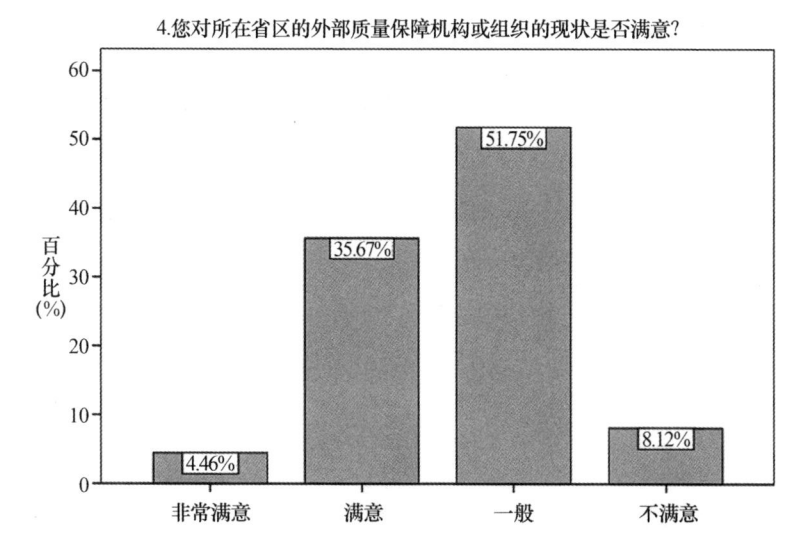

图5—7 保障机构工作运行的满意度

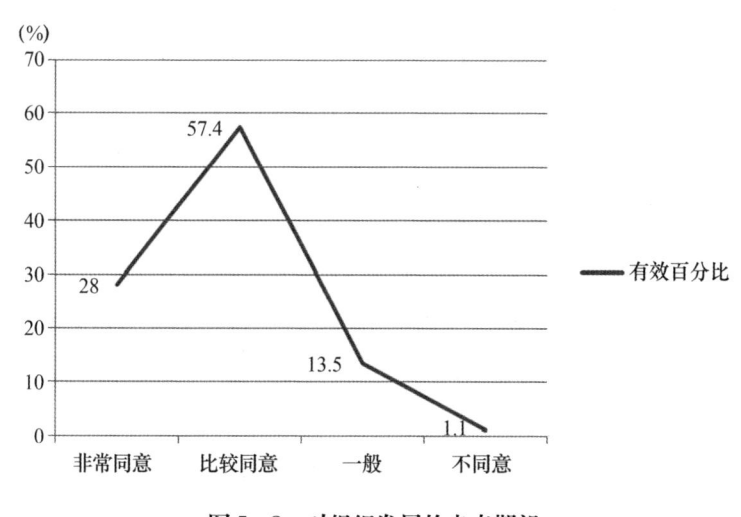

图5—8 对组织发展的未来期望

(二) 可持续发展

外部质量保障机构的可持续发展,不仅是机构自身建设的问题,还关系到整个外部质量保障工作的可持续状态。可持续发展需要资源的充分保障,还需要建立自我审查的机制。

有50.4%的受访者认为，现有的资源不能保障和满足可持续发展的需要，质量保障机构建设的投入力度不足，另外43.7%受访者认为现在的资源投入已经足够了，资源保障程度维持机构的正常运转即可，不能在机构建设中过分强调资金投入的重要性，否则会带来机构在质量保障中的逐利行为。（见图5—9）

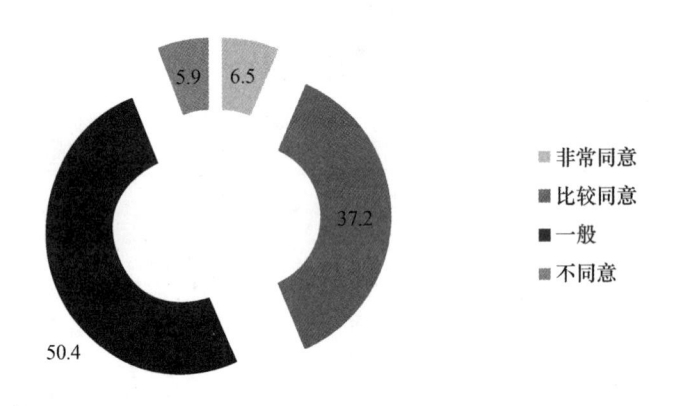

图5—9　现有资源满足可持续发展的需要

以上有如此大分歧的态度，也反映大家对保障机构未来可持续发展走向的不同观点，即关于这类机构是否可以盈利的争议。持肯定观点的人认为，当外部质量保障机构与市场机制接轨，具有非政府第三方性质以后，完全可以通过政府购买服务，以及为高校提供质量管理的第三方服务实现盈利，这也是经济学中"市场"的本质特点。持反对观点的人则认为，外部质量保障机构应该定位为学术机构，而非商业机构，其性质应该是非营利的公益性组织。尤其是当所实施的外部质量保障任务是政府委托项目时，如果有逐利动机或行为的话，将对外部质量保障造成非常大的信誉损害，如果失去了公平原则，那外部质量保障的所有存在价值和意义都将不复存在。

外部质量保障机构或组织的可持续发展，不仅需要适当的资金和硬件资源的投入，也需要依靠内部建立的自我审查和改进机制，

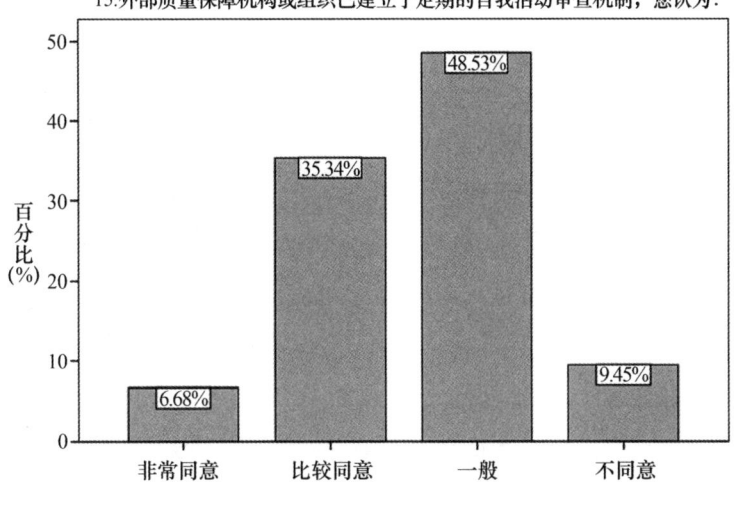

图 5—10　机构的自我审查与改进机制

以促进其可持续改进工作的质量。

在"机构的自我审查和改进机制"态度调查中，9.45%的受访者并不赞同已建立了这样的机制。在调查对象看来，外部质量保障机构的自我活动审查机制还未得到普遍的建立，机制的不健全也会对外部质量保障机构的未来发展增加不确定的因素。

通过对组织机构的持续发展维度分析发现：对外部质量保障机构或组织现在的满意度需要提高，外部质量保障机构的发展并未得到评估专家和高校教师的广泛认可。外部质量保障机构的发展得到了相应资源的支持，但发展资源仍然投入不足，多数的被调查对象对外部质量保障机构的建设现状持不乐观的态度。此外，由于对自我审查和改进机制建设的不够重视，将导致外部质量保障机构的未来发展增加更多的不确定因素。

四　促进个体的发展

"促进个体的发展"维度对应内容有外部质量保障目的与教师

发展的相关性，以及对教师教学积极性的促进作用。

教育的本质最终是促进人的发展，而外部质量保障工作在促进教育发展时，也不应该脱离教育的本质。质量保障理论研究中，"人本位"研究是重要领域，即人的价值决定了教育教学活动的质量，基本的观点逻辑是：教育的质量体现在各种工作质量上，而工作的质量体现在人的价值上。这样的观点一直受到追捧，在外部质量保障兴起之前，大学基本依靠优秀的学生选拔，以及严格的教师晋升来保障教学质量，坚守以优秀的人才进行自我管理的质量方法。外部质量保障兴起以后，"人本位"有了新的价值理念，从以往的依靠人才来保障教育质量，转变为保障质量是为了促进人的个体的发展。

对于"外部质量保障与教师个人职业发展"的相关性，74.8%的受调查者认为两者是相关的，外部质量保障对于促进教师发展有积极意义（见图5—11）。我国高等职业教育外部质量保障的指标设定中，教师学生的发展是重要指标，在"内涵评价"与"诊断与改进"中，得到了进一步强化。教师对外部质量保障的使命目的

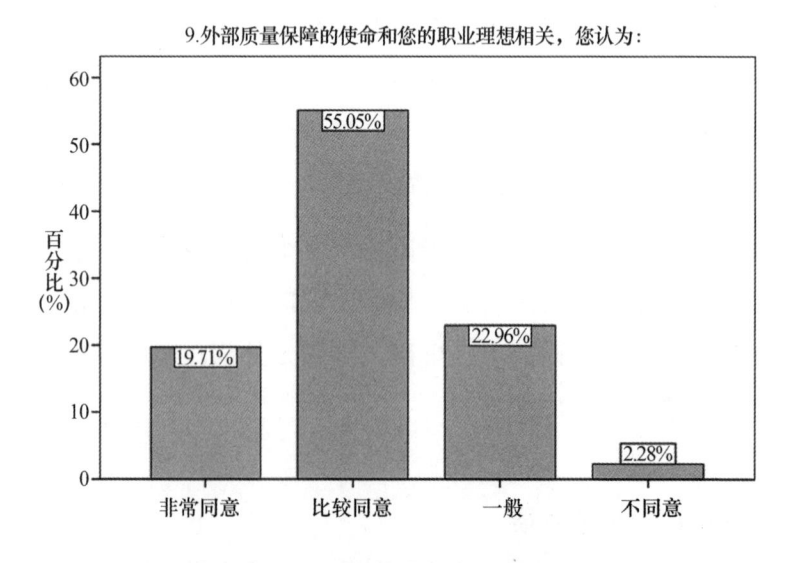

9.外部质量保障的使命和您的职业理想相关，您认为：

选项	百分比
非常同意	19.71%
比较同意	55.05%
一般	22.96%
不同意	2.28%

图5—11 外部质量保障的使命和个人发展

给予了充分肯定，主要有两个原因：一是认为质量保障促进了院校的发展，而院校的发展与教师个人发展息息相关；二是切实感受到了评估指标内容对教师个体发展的重视，尤其是指标中关于教师专业化、教师国际交流等要求。

此外，76%的教师受调查者认为，外部质量保障对于促进教师教学的积极性有明显作用（见图5—12）。我国高等职业教育外部质量保障的"内涵评价"，将教学建设指标分为同级的"专业""课程""实践教学"指标，体现了对培养人的教学内涵有了更高要求，对教学工作的严格要求不仅没有使教师产生抵触情绪，反而受到了教师的普遍欢迎。

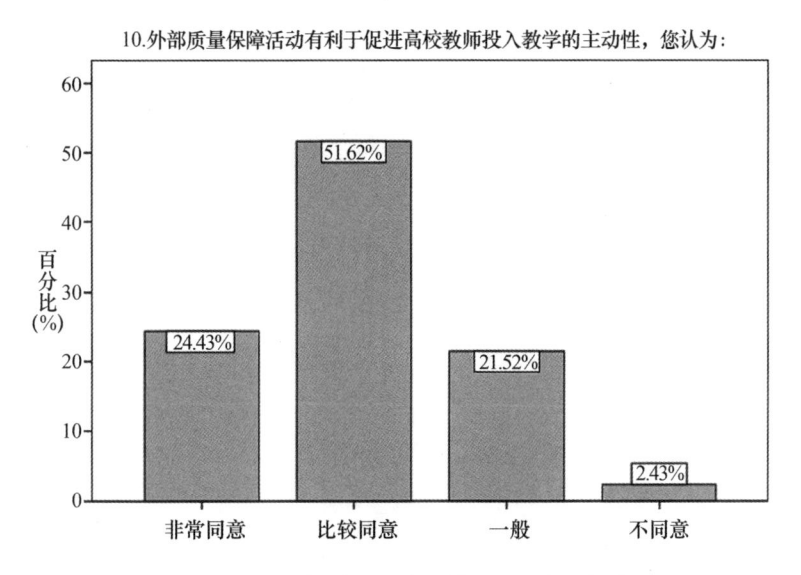

图5—12 外部质量保障促进教师教学积极性

以上情况可以看出，"以评促建"的目的对教学建设的作用是较为积极的，教师的肯定态度也从一个侧面反映出外部质量保障是卓有成效的。

五 促进质量的持续改进

"促进质量的持续改进"维度有 4 个内容：外部质量保障与区域高等职业教育发展的关系，对高等职业教育发展的促进作用，对高等职业院校教学质量的提高，以及外部质量保障中持续改进建议的有效性和针对性。

（一）外部质量保障对区域高等职业教育质量的促进

我国现阶段的高等职业教育外部质量保障，其目的在于通过外部评估，推动学校自觉地按照教育规律明确办学指导思想和定位、形成质量管理的主动意识、深化教学改革，构建有效的内部质量保障体系，最终落脚点在人才培养质量，全面提高教育质量和办学效益。

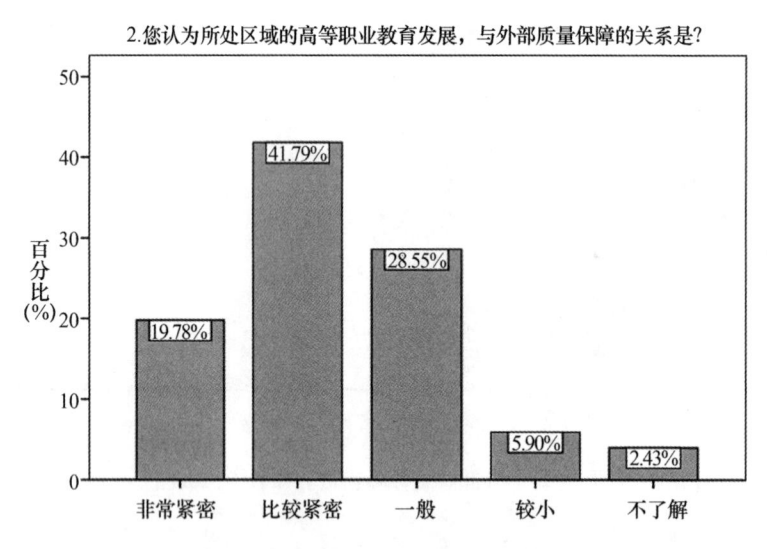

图5—13 外部质量保障与区域高等职业教育发展关系

图 5—13 的调查结果显示，有 61.6% 的人认为他们所处区域的高等职业教育发展与外部质量关系紧密；图 5—14 结果显示，

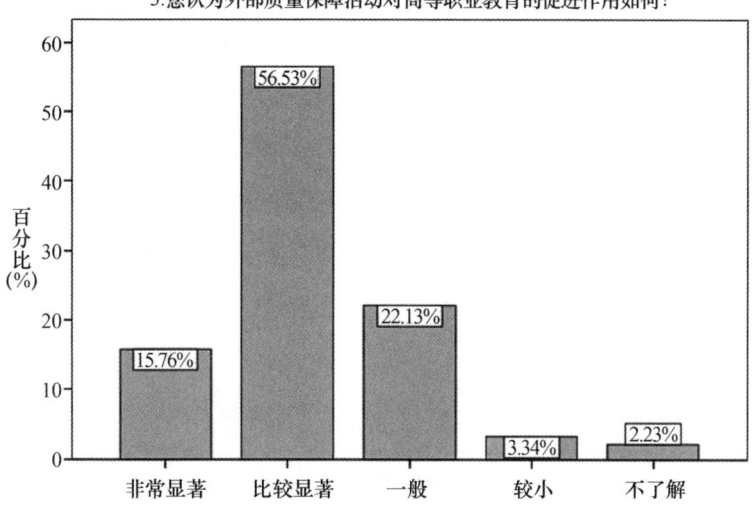

3.您认为外部质量保障活动对高等职业教育的促进作用如何?

图5—14 外部质量保障促进高等职业教育的作用

72.3%的受调查者认为外部质量保障对促进高等职业教育发展的作用是肯定的，外部质量保障活动对高等职业教育的发展发挥了显著的作用，有效地促进了省级区域的高等职业教育发展。

（二）学校对外部质量保障的理性认识转变

图5—15的调查结果显示，89.6%的受访者赞同外部质量保障的作用应该是促进教学质量的提高，表明教师、管理者对外部质量保障认识逐渐趋于理性。

虽然外部质量保障与工作检查不同，但在我国最初开展高等职业教育评估时，很多学校教师和管理者还是将其等同于行政工作检查，认为评估不论怎样变化形式，最终还是"检查"学校各方面工作的达成度，这与早期合格评估指标内容涉及面过于宽泛是有关系的，甚至在评估中会对学校后勤工作等间接相关要素进行重点考察。而教师和学生也会在评估座谈会中，对一些非教学、非管理的问题诉苦，相反对教育教学问题避而不谈；管理者也会竭尽其能地规避一些存在的重点问题，以便能顺利通过检查。"应付"成为应

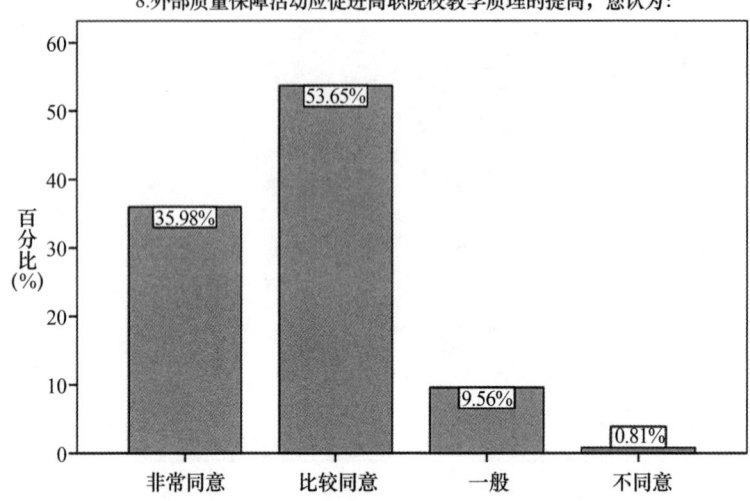

8.外部质量保障活动应促进高职院校教学质理的提高,您认为:

图5—15 外部质量保障对教学质量的提高

对"检查"最好的方式,"高校会不断迎合外部评审,以应付咄咄逼人的外部环境。"① 通常情况,"表面上顺从而内心充满抵制,这种抵制将使任何外在强加的权力失效。"② 对于外部质量保障的偏颇认识,导致了行为上偏离了质量保障的目的。教育部职业与成人教育司组成的课题组,在第二轮评估调研报告中,得出的调研结论是:"有部分高校视评估为额外负担、上级检查,有应付的苗头,对存在的问题不愿暴露,甚至在数据中弄虚作假。"③

形成对外部质量保障理性而正确的认识,是近年来我国高等职业教育外部质量保障建设的一个重要成效,这样的共识基础对于可持续发展来说尤为重要。

---

① [美]约翰·布伦南、特拉·沙赫:《高等教育质量管理:一个关于高等院校评估和改革的国际性观点》,陆爱华等译,华东师范大学出版社2006年版,第11页。
② 黄启兵、毛亚庆:《大众化高等教育质量保障:基于知识的解读》,北京师范大学出版社2011年版,第185页。
③ 范国强等:《评估调研项目组:高等职业院校第二轮人才培养工作评估调研报告》,转引自《高等职业院校人才培养工作评估回顾与展望》,高等教育出版社2014年版,第176页。

(三) 促进高等职业院校持续改进质量

外部质量保障对高等职业院校的促进作用，不仅体现在评估过程中，还体现在评估的结果应用上。评估的结果重心不仅在评估结论，更为重要的是针对高等职业院校提出的具有针对性的发展意见和建议。图5—16的调查结果显示，70.46%的受访者赞同外部质量保障的评估结果和建议，有效地促进了学校的持续改进。

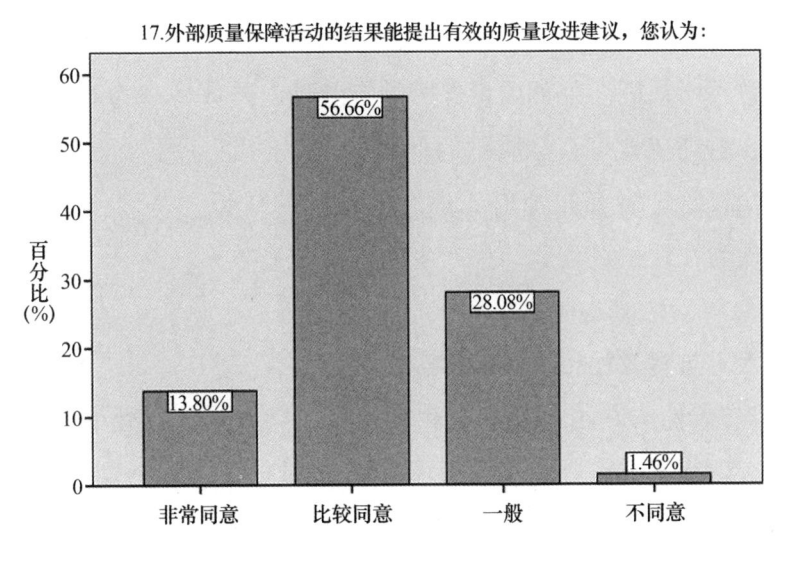

17.外部质量保障活动的结果能提出有效的质量改进建议，您认为：

- 非常同意：13.80%
- 比较同意：56.66%
- 一般：28.08%
- 不同意：1.46%

图5—16 对学校持续改进建议的有效性

外部质量保障是连续性和常态性的过程，诊断、鉴定、评判是评估的主要功能，而质量保障之所以有所区别，除了评估的基本功能以外，还有促进学校持续改进的作用。福建省在高等职业院校质量保障的制度设计中，特别强调和重视这一新功能，评估是一个多过程的"组合拳"，首先，是自评自建，学校依据自己的实际情况可以修改统一标准，其次，按照经过审定的标准进行质量建设和自评；再次，是组织专家组对学校个性化标准进行审核式评估；最后，是审核评估工作结束一年后的"回访"，回访目的是根据专家组审核评估结果进行开放式的诊断建议，通过专家建议的方式不断促进学校对质量建设的持续性改进。虽然不是每个省都开展这样连续的、多过程的外部质量保障，但"诊断建议"是多数省在高等职业评估中常用的方式，这样的方式得到了受调查者的支持，这是外部质量保障"方法有效性"的又一例证。

总之，在促进质量的持续改进维度中，受调查者所处区域的高等职业教育发展与外部质量保障的关系是比较紧密的，这对高等职业教育的发展发挥了显著的作用，外部质量保障促进发展的作用被大多数人所认同。外部质量保障的有效性，具体体现为对区域教育发展、对高校教育教学质量的促进，是"功能有用"；也表现为促进了学校管理者和教师形成理性而正确的认识，是"认识理性"；还体现为在评估过程和结果产生的"方法有效"。

六 与有效性相关联的事实性分析

"有效性"是由主观态度和客观事实共同构成，外部质量保障的事实现状调查，进一步分析了影响外部质量保障有效性的因素、外部质量保障面临的发展机遇、评估专家构成、需要提升的环节、当前存在的主要问题，以及下一步重点建设的内容等。

（一）影响高等职业院校外部质量保障的主要因素调查

在影响外部质量保障效果的主要因素分析中，包括质量评估机制、质量评估理念、质量评估标准和过程、资源投入、专业评估队伍和其他因素。

受访者认为，在影响外部质量保障效果的主要因素调查中，重要性依次为：质量评估机制、质量评估理念、质量评估标准和过程、资源投入、专业评估队伍和其他（见表5—9）。外部质量保障机制的建立，是我国高等职业教育外部质量保障最首要的影响因素，也是质量保障运行的重要基础，关系到机构的独立性、公正性、专业化建设,以及制度化建设;而专业队伍是保证评估方案朝着预期质量保障目标执行的关键,国外质量保障实践甚至把专业化的"同行专家"当作评估合法化的前提。

表5—9　　　　　影响外部质量保障效果的主要因素

		样本	百分比(%)	多重响应百分比(%)
影响外部质量保障效果的主要因素	质量评估机制	461	21.3	73.8
	质量评估理念	390	18.0	62.4
	质量评估标准和过程	443	20.5	70.9
	资源投入	368	17.0	58.9
	专业评估队伍	453	20.9	72.5
	其他	48	2.2	7.7
总计		2163	100.0	346.1

(二) 我国外部质量保障面临的发展机遇

对于我国外部质量保障面临的发展机遇,调查内容分别为:理论的发展和完善、质量保障政策的支持、国际交流与合作、评估技术的发展与应用,以及社会力量的主动参与。

参与调查的教师和管理者对当前外部质量保障发展机遇,认为最主要的机遇是"国家重视",得到了有力的政策支持。还认为,随着质量保障理论研究和方法技术的发展,也会较大地提升外部质量保障的有效性,从而使我国的外部质量保障建设能在国际范围内产生较好的影响。受访者对外部质量保障的国际化和社会参与的未来发展,态度相对消极,认为现状在短期内不会有太大的改变(见表5—10)。

表 5—10　　　　　我国外部质量保障面临的发展机遇

		样本	百分比（%）	多重响应百分比（%）
我国外部质量保障面临的发展机遇	理论的发展和完善	376	19.4	60.5
	质量保障政策的支持	435	22.4	70.0
	国际交流与合作	350	18.0	56.4
	评估技术的发展与应用	414	21.3	66.7
	社会力量的主动参与	365	18.8	58.8
总计		1940	100.0	312.4

（三）外部质量保障队伍的合理构成

外部质量保障队伍的构成，反映了各"利益相关者"参与的程度，队伍构成来源包括行业企业专家、学校管理人员、政府管理人员、高校一线教师、高等职业院校学生、研究机构人员及其他相关人员，这也是广大教师、管理者对"同行"专家的"身份"认同。

在受调查者心目中，最合适的同行专家人选是行业企业专家和高校一线教师（见表5—11）。首先是来自行业企业的专家，这与高等职业教育紧密联系行业企业的特色有关，从这一结果可以看出，我国高等职业外部质量保障的专家队伍建设现状离教师的期望差距较大，实际上，在评估的专家遴选中，我们对教育系统以外的行业企业专家重视不够，既没有将这个群体作为首选，也没有适当地针对性培训，偶尔邀请来的行业企业专家也因为对教育工作不熟悉而不能很好胜任。其次是高校一线教师，这也是不被重视的群体，我们总认为评估是一个管理行为，需要有经验的管理者，因此，更愿意邀请高校管理者，特别是学校和部门领导来担任专家。

表5—11　　　高等职业教育外部质量保障队伍构成来源

		样本	百分比（%）	多重响应百分比（%）
高等职业外部质量保障专家构成来源应包括	行业企业专家	549	20.6	87.8
	学校管理人员	469	17.6	75.0
	政府管理人员	349	13.1	55.8
	高校一线教师	492	18.4	78.7
	高等职业院校学生	346	13.0	55.4
	研究机构人员	411	15.4	65.8
	其他	54	2.0	8.6
总计		2670	100.0	427.2

（四）外部质量保障需要提升的环节

高等职业院校外部质量保障需要提升的环节，主要调查了评估理念更新、评估方式调整、评估标准修订、评估专家组成、评估结果应用和评估技术改进六个因素。

高等职业院校外部质量保障需要提升的各环节中，在重要性方面的差距不大，顺序依次为：标准制定、方式调整、理念更新、结果应用、专家组成、技术改进。（见表5—12）但可以看到，受访者对于我国外部质量保障的标准修订方面，认为依然是亟须改进的，只有更多的利益相关者参与标准建立过程，融入更多参与方的质量诉求，才能形成更广泛人群对高等职业教育的关注，也才有利于外部质量保障的不断完善和持续改进。

表5—12　　　高等职业院校外部质量保障需要提升的环节

		样本	百分比（%）	多重响应百分比（%）
高等职业院校外部质量保障需要提升的环节	理念更新	430	17.4	69.1
	方式调整	449	18.2	72.2
	标准修订	462	18.7	74.3

续表

		样本	百分比（%）	多重响应百分比（%）
高等职业院校外部质量保障需要提升的环节	专家组成	371	15.1	59.6
	结果应用	405	16.4	65.1
	技术改进	348	14.1	55.9
总计		2465	100.0	396.3

（五）当前外部质量保障存在的主要问题

在"当前高等职业教育外部质量保障存在的主要问题"调查中，包括管理体制不健全、评估理念落后、评估标准和方法滞后、资源投入不足和评估队伍专业化程度不够五个问题。

调查结果表明：首先为管理体制不健全的问题最突出；其次是评估队伍专业化程度不够；再次为评估标准和方法滞后；最后是资源投入不足和评估理念落后（见表5—13）。与前面的调查结果联系起来得出结论：第一，可以看到管理体制的突出问题，连带产生了外部质量保障机制的机构建设与制度建设问题，这是问题产生的根源，应予以足够重视。第二，外部质量保障队伍的专业化建设也是突出问题，在受访者看来，目前以政府管理部门聘任、主要来自高校领导和管理者的专家团队构成，并不是最适合的专家队伍人选，不能体现同行专家的专业性要求。第三，外部质量保障与评估理念落后也是一个突出问题，由于我国高等职业教育评估制度建立的初衷是贯彻落实政府的管理要求，"绩效管理"的思想一直主导着评估标准和具体的实施策略，较少地考虑高等职业院校的办学自主权与质量建设的自主性，"价值共建"的理念未能得到充分体现，造成了政府的行政管理要求与学校自身质量追求相互脱节等问题，这导致了外部质量保障体系建设没有递进发展的长远性，而高等职业院校也没有主动建设质量保障体系的积极性，认为内部质量保障体系是多余的另外一套标准，甚至担心自我的质量标准、要求与国家标准相冲突。

表5—13　当前高等职业教育外部质量保障存在的主要问题

		样本	百分比（%）	多重响应百分比（%）
当前高等职业教育外部质量保障存在的主要问题是	管理体制不健全	416	21.8	66.8
	评估理念落后	296	15.5	47.5
	评估标准和方法滞后	401	21.1	64.4
	资源投入不足	379	19.9	60.8
	评估队伍专业化程度不够	412	21.6	66.1
	总计	1904	100.0	305.6

（六）未来外部质量保障体系重点建设的内容

未来外部质量保障建设的重点，包括评估体制与机制、组织管理、评估标准科学化、专家队伍建设和评估技术应用五个方面。

在以上五个建设重点中，首先评估标准的科学化是重中之重，特别是需要朝着评估标准的多元化方向发展；其次为评估机构和制度建设，它影响着整个质量保障体系的构建，目前质量管理机制更趋向行政化，质量保障结果的社会透明度和公信力都亟待提升；再次是需要加强外部质量保障队伍的建设；最后，随着外部质量保障中各种新问题的不断涌现，技术层面也要不断与时俱进地改良和借助先进理念。（见表5—14）

表5—14　高等职业教育外部质量保障未来的建设重点

		样本	百分比（%）	多重响应百分比（%）
高等职业教育外部质量保障未来的建设重点	评估体制与机制	412	20.5	66.1
	组织管理	359	17.9	57.6
	评估标准科学化	476	23.7	76.4
	专家队伍建设	405	20.1	65.0
	评估技术应用	358	17.8	57.5
	总计	2010	100.0	322.6

第三节 不同对象视角下的外部质量保障有效性

有效性研究是公共管理中政策评估的领域，常常以相对的政策效果形式出现，不同的对象视角构成了有效性的政策评估意义。本研究比较了4类不同自变量的对象视角差异，维度划分为"对象身份"，包括专家和高校人员的变量属性；"省区来源"，比较来自东部、中部、西部省区的不同受访者态度差异；"案例差异"，包括云南、福建、广东、重庆四省市高校；"工作年限"，包括五个工作年限时段。并形成了4个维度的基本研究假设：（1）高等职业教育外部质量保障政策的参与受众不同，导致了外部评估专家和高校内部管理者、教师对有效性的判别差异；（2）区域高等职业教育发展程度不一致，导致了来自"东中西部"省区受调查者的态度差异；（3）由于四个省市案例的省级外部质量保障建设差异，导致了外部质量保障政策的实施效果产生了差异；（4）不同工作年限的自变量暗示着接触外部质量保障政策的时间远近不同，也会形成对不同阶段政策实施效果的主观态度差异。

统计分析方法主要采用交叉表列联表分析和卡方检验。内容分析主要有不同变量的差异判别分析和趋同意见分析，前者是有统计意义的差异数据分析，后者是无相关意义的变量趋同性分析。

一 外部专家与高校内部人员的有效性判别

评估专家与高校人员分别代表了"利益相关者"的外部和内部视角。在高等职业教育外部质量保障中，专家受评估机构委托，代表政府对高等职业院校人才培养质量进行评估，我国评估专家具有政府委托人和学术权威的双重角色特征，常会从政策制定角度去判别有效性；高校则不一样，他们对有效性评价的出发点，会考虑质量保障的内容框架与办学实际是否相符，还会从高校变化、个体发展去审视评估有效性。

评估专家与高校人员对外部质量保障的有效性，做出了不同的判断。有5个内容经卡方检验后存在显著差异，分别是（1）质量管理中亟须加强的力量；（2）外部质量保障机的工作重点应促进评估院校内部质量保障建设；（3）外部质量保障活动的常态化是高校教学工作的有力保障；（4）外部质量保障活动应促进高等职业院校教学质量的提高；（5）外部质量保障的标准应与利益相关者协商确定。外部质量保障活动已经实现了管理主体和执行主体的分离。表明在加强政府管理与社会监督、管办评分离等态度上持有不同意见。

（一）对于"加强政府管理和社会监督"的不同态度

对于外部质量保障最需加强的力量，评估专家认为是"院校内部自我改进"与"社会公开与监督"；而高校则认为是还应该加强"社会公开与监督"。（见表5—15）

表5—15　　　　　　　外部质量保障最需要加强的力量

		外部专家评估	院校自我改进	政府重视	社会公开与监督	合计
评估专家	计数（N）	6	73	3	16	98
	%	6.1	74.5	3.1	16.3	100.0
高校人员	计数（N）	38	269	160	50	517
	%	7.4	52.0	30.9	9.7	100.0
合计	计数（N）	44	342	163	66	615
	%	7.2	55.6	26.5	10.7	100.0

结果表明：双方都一致认为今后的外部质量保障建设，应该加强对院校自我改进。我国开展的高等职业院校人才培养工作评估，比较重视政府的作用和专家团队建设，而在内部质量保障体系建设的要求相对模糊，也没有可操作化的考察指标，致使高校在获得评估结论以后就弱化了学校内部的自我改进，评估成为"一次性"活动，缺乏后续保障质量的有效措施。调查中，大多数的专家和高校人员都认为外部质量保障今后的工作重点，应该从强化外部力量转变为促进院校内部质量保障的建设。

进一步分析不同态度时发现，专家还倾向于应该加强外部质量保障的社会参与，尤其应该增强评估结果向社会公开的透明度，同时加强社会各界对高校改进质量的监督。我国高等职业评估结果的使用还存在封闭性，主要是供教育主管部门参考，如果能增强社会公开的透明度，将反过来会促进评估结果的运用价值，也将促进外部质量保障过程的科学性。高校内部则持不同意见，认为外部质量保障更应加强的是"政府重视"力度，因为政府的重视能让高校在外部质量保障中获得更多资源，而社会公开与监督只会带来不必要的麻烦。这一点也反映出高校习惯于政府管理的定式，对社会监督还没有做好充分准备。

（二）对于"管办评分离"改革效果的不同评价

在"外部质量保障活动已经实现了管理主体和执行主体的分离"的调查中，评估专家的自我评价相对低，仅有33.4%的受调查者认为我国外部质量保障的"管理者"与评估"执行者"是相对独立的；相反，高校人员对管评分离持肯定态度，有51%的受访者认为已实现了这一过程（见表5—16）。

表5—16　　　　质量保障活动已经实现了管理主体和执行主体分离

		非常同意	比较同意	一般	不同意	合计
评估专家	计数（N）	8	25	54	12	99
	%	8.1	25.3	54.5	12.1	100.0
高校人员	计数（N）	50	213	222	31	516
	%	9.7	41.3	43.0	6.0	100.0
合计	计数（N）	58	238	276	43	615
	%	9.4	38.7	44.9	7.0	100.0

主要原因是我国高等职业评估一般由政府管理部门，或者各级教育主管部门下的行政事业单位组织实施，例如各省评估院或者评估中心，专家的评估工作几乎都是根据管理者要求开展，很难区分管理者和评估者的不同角色。在同行评审制度还不够健全、专家权威也没有完全树立的现行外部质量保障中，这样的状态恐将仍会持续很长时间。

"放管服"是我国政务管理的重要改革，与此呼应的高等教育管理制度改革是"管办评"分离，而外部质量保障要实现管理者和评估者分离，首要条件是政府购买服务的意识增强，并建立了相关的公共管理完整体系。其次是外部质量保障的独立机构健全，具有不依赖行政权威的专业化服务能力。我国这类机构国家层面有教育部高等教育教学评估中心，地方层面有各省级评估院和评估中心，需要进一步增强的是质量保障的独立性，同时能提供多样化的教育质量评估咨询与服务。最后是高校自身有质量保障需求，对非指令性的质量保障有真实需求和内生动力。

目前高等职业教育"管办评"分离还在探索中，存在问题是评价主体过于单一，且实施评价的主导权主要是在政府管理部门，这种评价体制并不能适应当前高等职业教育的发展趋势。同时这种评价体制容易导致高校"官本位"思想，从而忽略了行业企业、学生、教师以及社会等广大群体的真正需求及利益。而高等职业教育因为与行业企业联系紧密，其评价的主体应体现为更广泛的社会参与，发挥各自优势共同促进高等职业教育的质量建设与良性发展。

（三）事实调查的多重响应差异分析与比较

在事实调查部分，主要分析影响外部质量保障的主要因素、发展机遇、专家来源、提升的环节、存在问题、建设重点。从表5—17的结果可以看出，评估专家与高校人员对"外部质量保障"所面临的机遇持一致看法，首先认为是外部质量保障政策带来的机遇；其次是评估技术发展的机遇。在影响外部质量保障效果的主要因素、合理的专家构成来源、需要提升的环节、存在主要问题和未来建设的重点五个方面内容有意见分歧。（见表5—17）

表5—17　　　　　　　多重相应问题的显著性卡方检验

	卡方	显著性
影响外部质量保障效果的主要因素	29.015	0.000*
我国外部质量保障面临的发展机遇	8.065	0.153
高等职业外部质量保障专家构成来源应包括	23.363	0.001*
高等职业院校外部质量保障需要提升的环节	18.250	0.006*
当前高等职业外部质量保障存在的主要问题是	32.992	0.000*
高等职业外部质量保障未来的建设重点	24.604	0.000*

注：$P<0.05$ 为差异"显著"，$P<0.01$ 为"极显著"水平。

在影响外部质量的主要因素调查中，评估专家认为专业的评估队伍是重要的，其次为质量评估标准和过程以及质量评估理念；而高校人员则认为质量评估机制是最重要的，其次为专业评估队伍和质量评估理念。但他们之间也存在一些相似的观点，即认为专业评估队伍和质量评估理念都十分重要。

在专家构成来源调查中，评估专家和高校人员都认为行业企业专家应该是外部质量保障专家构成的主要来源。但是在第二个主要的来源构成上，他们之间存在着不一致的看法，评估专家认为第二个主要的专家来源构成是学校管理人员，而高校人员选择的是高校一线教师。这说明高校人员认为在外部质量保障专家构成的来源中一线教师的参与度不够，而在外部质量保障活动中，高校的参与人员大多数为学校管理人员。这一结果启示是，在外部质量保障的活动中，需要适当增加一线教师的参与度，因为他们更能了解学生和企业。

在需要提升的环节中，评估专家和高校人员的分歧意见是，评估专家认为外部质量保障最需要提升的环节是评估标准的修订，而高校人员则认为最需要提升的环节为评估方式的调整。

在高等职业外部质量保障当前存在的主要问题中，评估专家认为评估队伍专业化程度不够是目前的主要问题，主要原因首先是由于目前的评价体系为政府主导，评估队伍主要为政府管理人员、高校行政管理人员，而缺少足够数量的行业企业专家参与。其次为评估标准和方法的滞后，高等职业教育在不断向前发展，所面临的问题与挑战也是层出不穷，但是目前评估标准却不能较好地反映发展的需求。对于高校人员而言，他们认为首先管理体制不健全是目前高等职业外部质量保障中存在的主要问题，其次为评估队伍专业化程度不够和资源投入不足。

在高等职业外部质量保障未来的建设重点方面，评估专家和高校人员都认为评估标准的科学化是最重要的。不一样的观点主要有评估专家将评估体制与机制看作仅次于评估标准科学化的重点建设内容，体制和机制影响着外部质量保障体系的运行，以及评价的规范化和科学性。高校人员则将评估专家队伍建设看作另外的重点建设内容。目前，评估专家队伍缺乏一线教师的参与。从评估标准制定的重要性看,由于现有标准是基于所有高校而制定的,缺乏一定的多样性和灵活性,不能较好地体现不同办学性质和办学特色,无论是评估专家还是高校教师都认为评估标准的科学化极其重要。

二 东部、中部、西部不同省区的判别异同

对我国东、中、西部省市区的划分,是依据《中国教育统计年鉴》(2000—2005年)的分类,将受调查者的地区来源按东部11个、中部8个、西部12个省市区归类。通过具有统计显著性水平的差异分析,表明不同地区来源的受调查者,在7个问题的态度上存在差异。

(一)外部质量保障与区域高等职业教育发展的关系

对于"您认为所处区域的高等职业教育发展,与外部质量保障的关系是?"问题,来自东部地区的受调查者认为"非常紧密";中部地区的偏向于"比较紧密";而西部地区的也认为"比较紧密"。(见表5—18)可以看出来自不同地区的受访者态度存在明显差异,我国高等职业教育发展也存在东、中、西部地区差异,受访者回答表明,高等职业教育越是发达的地区,外部质量保障与其的关系也愈加紧密。

表5—18 您认为所处区域的高等职业教育发展,与外部质量保障的关系是?

		非常紧密	比较紧密	一般	较小	不了解	合计
东部	计数(N)	72	135	91	23	15	336
	%	21.4	40.2	27.1	6.8	4.5	100.0
中部	计数(N)	6	15	7	6	0	34
	%	17.6	44.1	20.6	17.6	0.0	100.0
西部	计数(N)	41	104	76	7	9	237
	%	17.3	43.9	32.1	3.0	3.8	100.0
合计	计数(N)	119	254	174	36	24	607
	%	19.6	41.8	28.7	5.9	4.0	100.0

(二) 质量保障机构的自我审查与改进机制建立

对于"外部质量保障机构或组织已建立了定期的自我审查和改进机制"的调查问题，西部地区44.9%受调查者认为已建立了这样的自我改进机制，其次为东部地区，有41.2%的人同意，而中部地区仅有23.5%的人同意，多数人（约占61.8%）认为效果不好（见表5—19）。

表5—19　外部质量保障机构或组织已建立了定期的自我审查机制

		非常同意	比较同意	一般	不同意	合计
东部	计数（N）	17	120	156	39	332
	%	5.1	36.1	47.0	11.7	100.0
中部	计数（N）	0	8	21	5	34
	%	0.0	23.5	61.8	14.7	100.0
西部	计数（N）	22	80	112	13	227
	%	9.7	35.2	49.3	5.7	100.0
合计	计数（N）	39	208	289	57	593
	%	6.6	35.1	48.7	9.6	100.0

从主观的经验性判断，这样的调查结果与各省市区的省级评估机构建设有关，我国最早建立的省级评估机构，例如上海、江苏、广东、云南等，以及近期发展较好的机构，例如福建、重庆、浙江、陕西等，都主要分布在东部地区和西部地区。建立较早和发展较好的这些机构，都比较重视自身建设，也都在积极探索内部改进和提升的手段。

(三) 影响外部质量保障建设的主要因素和次要因素

对于"影响外部质量保障建设的最主要因素"问题，东部地区受调查者的排序是：质量评估机制、专业评估队伍建设、标准与过程、评估理念、资源投入；中部地区的排序是：专业队伍评估建设、质量评估机制、标准与过程、资源投入、评估理念；西部地区的排序是：质量评估机制、标准与过程、专业评估队伍建设、资源投入、评估理念。（见表5—20）

表5—20　　　　影响外部质量保障建设的最主要因素　　　　（单位：%）

影响质量保障的主因素	东部	中部	西部
质量评估机制	73.3	70.6	74.8
质量评估理念	58.9	55.9	66.8
质量评估标准和过程	71.2	58.8	71.8
资源投入	52.3	55.9	67.6
专业评估队伍建设	72.7	76.5	71.0
其他	6.0	11.8	9.7

可以看出，东部地区受调查者对外部质量保障因素的主观认识，与中西部地区差距较大。最重视的是机制建设和专业评估队伍建设，资源投入是次要因素，而中西部则在资源投入上有更强烈的要求，反映来自不同地区的受访者之间观念的差异。

（四）专家队伍结构的合理化

对"外部质量保障中合理的专家构成"问题，来自不同地区调查者的态度趋于相近，都认为首先要加强行业企业专家比例，其次是高校一线教师，再次是学校行政管理人员比例（见表5—21）。这对于未来构建专业化的专家队伍提供了一个重要启示。

表5—21　　　　外部质量保障中合理的专家构成，应该是：　　　　（单位：%）

合理专家构成来源	东部	中部	西部
行业企业专家	86.2	97.1	87.8
学校行政管理人员	74.2	76.5	76.9

续表

合理专家构成来源	东部	中部	西部
政府管理人员	52.0	50.0	62.2
高校一线教师	74.2	79.4	85.7
高等职业院校学生	51.7	47.1	60.1
研究机构人员	66.1	64.7	66.0
其他	6.3	14.7	11.3

受调查者一致认为应加强行业企业专家队伍建设，这是曾经想做而没做好的工作。在教育部第二轮"内涵评估"中就曾经提出：在遴选各校评估专家时，要在专家组中吸收"至少有1位来自行业企业的专家"。然而，从实际操作的情况看，一方面是教育系统不懂行业专家，很难找到既熟悉行业要求，又懂高等职业教育的专家；另一方面是行业专家不懂教育，即使邀请到了行业专家参与评估工作，但由于对教育教学工作的不熟悉，也不能提出有针对性的建议。渐渐地，这一制度也没能得到很好的落实。

如何吸收行业专家参与外部质量保障，应该是未来着力解决的主要问题，这不仅是提升外部质量保障有效性的需要，也是建设多元化专家团队的需要。在外部质量保障建设中，还应该有一套明确的行业企业参与质量保障的机制，以保持高等职业院校在提升质量的道路上，始终有来自行业企业的大力支持。

（五）未来外部质量保障需要加强的内容

对于当前外部质量保障存在的主要问题，东部地区受调查者的问题排序是评估标准和方法滞后、管理体制不健全、队伍专业化程度不够、资源投入不足、评估理念落后；中部地区是：管理体制不健全、队伍专业化程度不够、评估标准和方法滞后、资源投入不足、评估理念落后；西部地区是：管理体制不健全、资源投入不足、队伍专业化程度不够、评估标准和方法滞后、评估理念落后

(见表5—22)。

表5—22　　当前高等职业教育外部质量保障存在的主要问题　　（单位：%）

存在的主要问题	东部	中部	西部
管理体制不健全	63.3	73.5	71.7
评估理念落后	47.0	47.1	50.2
评估标准和方法滞后	66.0	70.6	60.8
资源投入不足	55.1	52.9	71.3
队伍专业化程度不够	62.0	70.6	70.9

来自不同地区受调查者对存在问题的态度差异较大，来自发达地区的人更加关注评估标准和体制问题，而欠发达地区的则更关心"物"和"人"的问题，期望获得资源、人才的支持，从"外部质量保障需要提升的环节"和"未来建设的重点内容"调查结果，也可以进一步佐证。

在需要提升的环节调查中，东部地区受调查者认为"标准修订"和"方式调整"最为紧迫；中部地区认为是"评估理念更新"和"标准修订"；而西部地区则认为是"方式调整"和"标准修订"（见表5—23）。三地区的都有一个相似结论，即要尽快修订"评估标准"，以适应高等职业教育快速发展中的"质量观"更新。

表5—23　　我国高等职业教育外部质量保障需要提升的环节　　（单位：%）

需要提升的环节	东部	中部	西部
评估理念更新	64.7	87.9	73.1
评估方式调整	70.4	66.7	76.5
评估标准修订	73.4	75.8	75.2
评估专家组成	53.2	60.6	68.5
评估结果应用	59.5	63.6	73.1
评估技术改进	51.4	42.4	64.3

对于未来外部质量保障建设的重点，三个地区都相近地认为，首先要加强"评估标准"的科学性；其次是外部质量保障的体制机制建设，以及专家队伍建设（见表5—24）。

表5—24　　　高等职业教育外部质量保障未来的建设重点　　（单位：%）

未来的建设重点	东部	中部	西部
评估体制与机制	65.2	61.8	69.1
组织管理	52.6	50.0	64.8
评估标准科学性	72.1	85.3	81.8
专家队伍建设	62.2	70.6	68.2
评估技术应用	55.6	52.9	60.2

三　不同省域外部质量保障运行有效性比较

云南、福建、广东及重庆四省市是本次调查的抽样省份，从接受调查的高校数量和参与教师看，广东最多，福建最少。

（一）对外部质量保障的满意度

抽样调查的四省市高校受调查者中，关于外部质量保障对当地高等职业教育发展的促进作用，以及当地外部质量保障机构建设的满意度较高。

从图5—17结果可以看出，四省市高校都认为外部质量保障对高等职业教育的促进作用比较显著。外部质量保障对高等职业教育教学质量的提升和人才培养的作用明显，对于调动教师、管理人员的工作积极性，以及促进学生学习方面有积极的促进作用。图5—18结果显示，受调查者对所在省区的外部质量保障机构的工作现状相对满意，也有很多选择"一般"，表明四个省区需要不断加强机构建设，尤其是独立性和专业化建设，以赢得更多的认可。

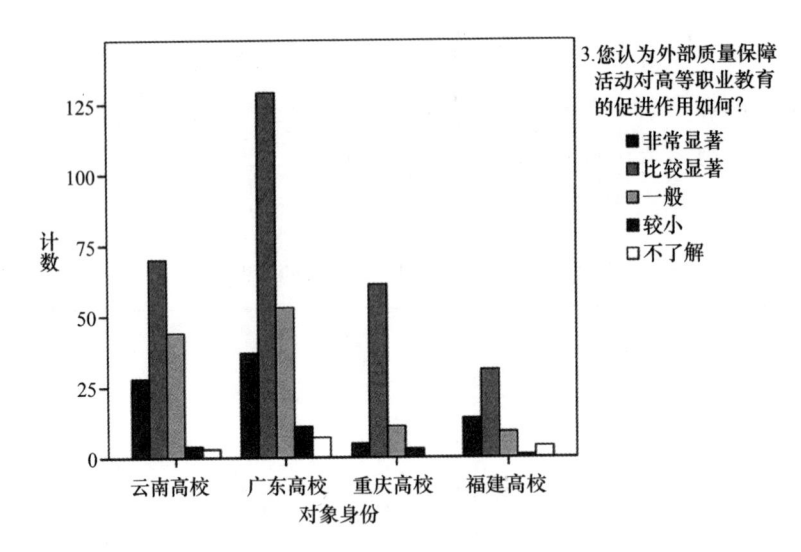

图5—17 促进当地高等职业教育发展满意度

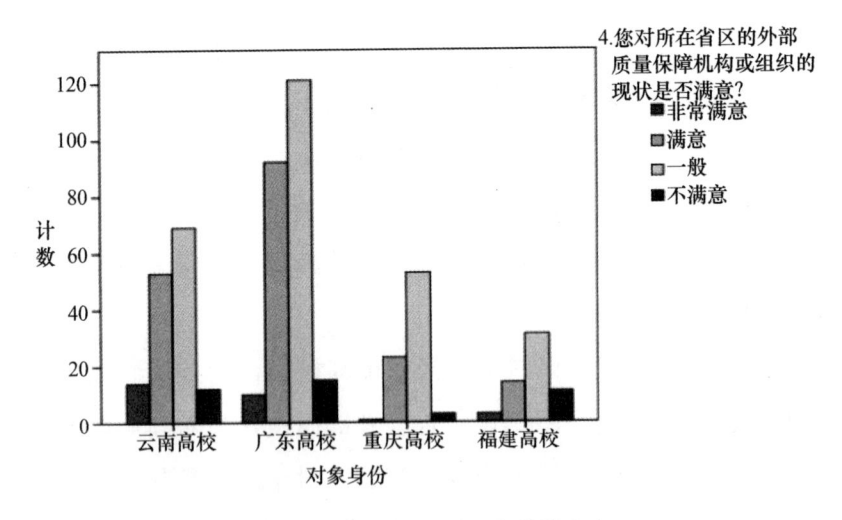

图5—18 所在省区评估机构满意度

(二) 事实调查的多重响应差异分析

四省市的高校教师和管理人员对6个事实性问题调查的态度差异明显，包括影响外部质量保障效果的主要因素、外部质量保障面临的发展机遇、外部质量保障专家构成来源、外部质量保障需要提升的环节、存在的主要问题，以及未来的建设重点内容。

表5—25　　　　　　　　多重相应问题的显著性卡方检验

卡方		显著性
影响外部质量保障效果的主要因素	42.242	0.001*
我国外部质量保障面临的发展机遇	40.710	0.000*
高等职业教育外部质量保障专家构成来源应包括	66.826	0.000*
高等职业院校外部质量保障需要提升的环节	45.577	0.000*
当前高等职业教育外部质量保障存在的主要问题	40.865	0.000*
高等职业教育外部质量保障未来的建设重点	49.763	0.000*

注：$P<0.05$ 为差异"显著"，$P<0.01$ 为"极显著"水平。

从表5—25中可以看出，一些主要事实的差异特点表现为：

第一，在影响的主要因素方面，云南高校和重庆高校认为质量评估机制是影响外部质量保障效果的最主要因素，广东高校认为专业的评估队伍是最主要的因素，福建高校则认为质量评估机制和资源的投入，是影响外部质量保障的两个最主要的因素。

第二，在发展机遇方面，云南高校认为，评价技术的发展与应用是外部质量保障目前所面临的最大发展机遇，而其他三省市高校则认为所面临的最大机遇是国家和省级政策的支持。

第三，在专家构成方面，四省市高校都认为首先应加强行业企业专家建设，福建高校认为其次重要的是高校管理人员，其余三省市高校则认为其次重要的是高校一线教师。

第四，在提升环节方面，四省市高校意见不统一，其中，云南高校和广东高校认为，目前外部质量保障最需要提升的环节为评估标准的修订，而重庆高校认为最需要提升的是评估方式的调整，福建高校则认为是评估理念的更新。

第五，主要问题的分析方面，四省市高校均呈现出不一样的观点，云南高校认为他们当前存在的最主要问题为评估队伍专业化程度不够，广东高校认为是评估标准和方法的滞后，重庆高校认为是管理体制不健全，而福建高校则是资源投入不足。

第六，对于未来的外部质量保障建设的重点内容，云南高校、广东高校和重庆高校认为首先是评估标准科学化，而福建高校则认为首先是专家队伍的建设。

综上所述，不同地域高校对外部质量保障既有相同点又有不同点，外部质量保障相关的机构、制度、评价标准等建设需要因地制宜，这样才能更好地服务当地高等职业教育发展。

四 不同工作经历对"有效性"的认知差异

之所以选择不同工作年限作为一个自变量因素进行有效性调查，是因为我国高等职业教育外部质量保障建设已有15年，这期间不同年限受调查者的态度反映了不同阶段外部质量保障的成效，当然也可以反映外部质量保障对于不同工作经验受调查者的影响。

表5—26　　　　　多重相应问题的显著性卡方检验

	卡方	显著性
影响外部质量保障效果的主要因素	25.739	0.367
我国外部质量保障面临的发展机遇	18.110	0.580
高等职业教育外部质量保障专家构成来源应包括	32.963	0.237
高等职业院校外部质量保障需要提升的环节	31.815	0.132
高等职业外教育部质量保障未来的建设重点	38.973	0.007*
当前高等职业教育外部质量保障存在的主要问题	33.337	0.031*

注：P<0.05为差异"显著"，P<0.01为"极显著"水平。

在外部质量保障未来的建设重点方面，不同工作年限的受调查者都认为，首先，最需要重视评估标准的科学化建设；其次，工作

5年以下的调查对象认为重点是专家队伍建设，工作6—10年和工作20年以上的调查对象认为是评估体制与机制，工作11—15年的认为是评估技术的应用。

在主要影响因素方面，工作5年和工作6—10年的调查对象认为影响外部质量保障的最主要因素是质量评估机制，工作11—15年的调查对象认为质量评估机制和专业评估队伍是最主要的因素，工作16—20年的调查对象认为是专业评估队伍，而工作20年以上的调查对象则认为是质量评估标准和过程。

在提升的环节方面，工作5年以下的调查对象认为评估方式的调整是最需要提升的环节，工作6—10年的调查对象认为评估方式的调整，以及评估标准的修订是最需要提升的环节。

在存在的主要问题方面，工作5年以下，工作16—20年和工作20年以上的受调查者认为，最主要问题是评估队伍专业化程度不够，工作6—10年的调查对象认为是资源投资不足，而工作11—15的调查对象则认为是评估标准和方法的滞后。

本章小结

外部质量保障的有效性研究可以看作是对评估的研究，是元评估的一种方式。主要关注的问题包括外部质量保障在高等职业教育发展过程中起到了什么样的实际作用，以及对质量保障的方法等进行科学性判断。

我国高等职业教育开展的外部质量保障，得到了大家的积极肯定与普遍欢迎。在高等职业教育发展的不同阶段，外部质量保障都产生了明显的促进作用。"合格"评估促进了政府对高等职业院校的办学投入，改善了基本办学条件，也促使学校在新建、合并、改制等过程中对高等职业教育的认识加深了。"内涵"评估促进了学校对人才培养工作的重视,在专业建设和课程教学方面得到了提升;"诊断与改进"促进了学校质量建设的自主意识提升,质量管理向纵深发展。不同的质量保障,有不同的标准和要求,使学校一个台阶接一个台阶地渐进发展。

在一些具体工作上的成效也比较突出,例如:促进了省级的区域高等职业教育发展;促进了教师的专业化发展;促进了高水平专家队伍的建设;促进了学校对教学工作的内涵建设;促进了学校内部的质量意识形成;还促进了学校管理者、教师对"评估"的理性和正确的认识等。这些工作成效,为我国建设"现代高等职业教育体系"奠定了很好的学校发展基础。

目前外部质量保障建设存在的主要问题中,首先是管理体制不健全的问题最为突出;其次是评估队伍专业化程度不够;再次为评估标准和方法滞后;最后是投入不足和评估理念落后。与前面的调查结果联系起来,可以看到管理体制的突出问题,连带产生了外部质量保障机制的机构建设与制度建设问题,这是问题产生的根源,应予以足够重视。此外,外部质量保障队伍的专业化建设也是突出问题,在受访者看来,目前以政府管理部门聘任、主要来自高校领导和管理者的专家团队构成,并不是最适合的专家队伍人选,不能体现同行专家的专业性要求。

我国外部质量保障未来的建设发展,应该加强标准内容的研究,注重评估标准的科学化和多元价值融合,特别是需要朝着评估标准的多元化方向发展;还应该将独立的第三方机构和制度建设纳入重点,它影响着整个质量保障体系的构建,目前质量管理机制更趋向行政化,质量保障结果的社会透明度和公信力都亟待提升;在"社会参与"方面应该加以改善,建立共赢互利的机制,让行业企业力量能有效参与外部质量保障建设,尤其是外部的专家队伍建设;最后,要借助先进的世界经验在质量保障方法上加以改进,以适应我国"现代职业教育体系"建设的要求。

在调查中还选了一些特定对象，对不同视角下的外部质量保障"有效性"进行比较分析。这些对象包括评估专家、政府行政部门的管理者、第三方评估机构人员、高等职业院校领导、教师和管理者，这些对象都是我国外部质量保障的最主要"利益相关者"，基于"社会效益只有根据不同的利益相关者的立场进行描述才有意义"[1]的出发点，主要对外部专家和高校内部人员、东中西部受访者、4个案例省、不同工作年限维度进行了态度分歧和一致性分析。可以看出，各个不同人群在有效性的判别、存在问题分析、未来的建设策略等方面都有现状差异，进一步印证了我国外部质量保障建设应该有多样性，体现地区差异和院校类别的差异。

---

[1] ［美］C. 尼古拉斯·泰勒、C. 霍布森·布莱恩、科林·G. 古德里奇：《社会评估：理论、过程与技术》，葛道顺译，重庆大学出版社2009年版。第74页。

第六章

省域高等职业教育的发展对外部质量保障的需求

我国高等职业教育外部质量保障体系的建立，现阶段主要采用的是国家和省级的分级建设体系，在这样的纵向体系中，省域外部质量保障发挥着运行主体的作用，本书选取了国内较早建立高等职业教育外部质量保障体系的云南省作为研究案例，通过省域实践案例进一步分析体系建设中的区域要素。

与全国其他省份相比，云南省高等职业教育发展的规模、速度都处于中等偏下的位置。这与其高等教育整体的发展水平是有关系的，再加上因为地处中国西南边疆，产业发展的环境不如内地省份，对高等职业教育的产业支持力度有限，致使高等职业教育在高等教育体系中的地位并不突出。2000年以前，专科层次的高等职业院校仅有2所，其余的是师范、医学专科院校，高等职业教育的发展理念和定位不是十分清晰。2000年以后，随着国家支持高等职业教育发展政策的相继出台，云南省的高等职业教育也得到快速发展，但受制于产业发展水平，高等职业教育的发展并没有形成"产业驱动型"，而是典型的"政策驱动型"，在地方政府的大力支持下，才得以有了稳定的发展。

第一节 省域高等职业教育的发展

案例研究省的高等职业教育发展所经历的几个重要阶段与全国一致，在1999年高等教育扩招背景下，受到国家发展高等职业教育的政策支持，于2000年以后得到快速发展。当前，稳规模、重质量、优结构是高等职业教育的发展主题，也是该省高等职业教育发展的历程主线。

一 早期阶段的院校布局和规模发展

由于整体的高等教育发展水平不高，以及产业单一、产业环境对教育的支持有限，早期阶段高等职业院校发展的主要任务非常明确，就是解决长期滞后的高等职业院校数量不足、学校基础条件差、学生规模偏小、布局结构不合理的问题。

与全国发展方式一致，云南省早期阶段的高等职业院校建设，也是通过中专学校升格、职工大学等成人高校转制、中职学校合并而来，主要的发展基础是原来的公办学校，社会力量参与举办高等职业教育的规模还未形成。规模发展变化有三个主要时期，分别为：2001年新建5所，2004年7所，2006年6所（见图6—1）。

2001年高等职业院校建校的第一个高峰，是落实国家在高等教育发展中"共建、调整、合作、合并"的八字方针，以及国家倡导的高等职业教育的新模式，包括：省和地级市政府共建共管，有条件的中专和中职学校合并办学，高等职业教育与行业企业协作办学、合作办学等；2004年因为国家财政支持力度有限，社会力量参与办学被提到了重要议程，一些有实力的国有大型集团企业和民办企业也参与到办学中，这时期的建校高峰主要是因为民办高等职业院校的数量得到扩张；2006年的建校高峰与地方本科高校的升格有

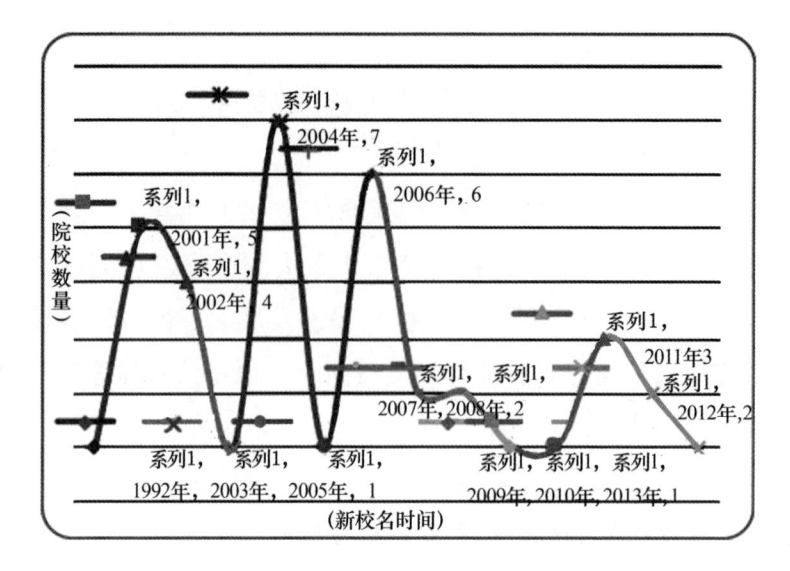

图6—1 云南省高等职业院校建设高峰期

关,一些原有的在地市级办学的高等专科学校升格为地方本科高校,留下了专科层次高校发展的新空间。因此,一些地市级成人高校转设为高等专科学校,而一些行业特点明显的中专学校,例如医学中专学校则合并与升格为高等职业院校。

除了规模得到快速发展,院校布局的调整也是早期阶段发展的一个重要特征。早期阶段的高职高专院校主要聚集在省会城市,地市级学校数量较少,尤其是一些与矿业、医疗、师范行业相关的高职高专院校布局不合理,这直接影响了高等职业教育服务地方、服务产业发展的功能需要。为此,早期阶段发展在布局上做了比较大的调整,包括新建了一批师范高等专科学校和医学高等专科学校,同时应地方政府的请求,又新增和合并了一批与地方产业发展息息相关的能源、农林业等高等职业院校。

对于这些规模发展和布局调整需要而新建的高等职业院校,政府需要加强规范性管理,而学校也需要在政府指导下对高等职业教育的办学要求有新认识,以此改变原来中专中职的办学模式、教学和管理的惯性。加强质量管理，接受政府的教育评估逐渐成为了常态。

二 中期阶段推进高等职业教育的校企合作发展

校企合作是高等职业教育的典型特征，也是早期新建高等职业院校转型发展的主要改革内容之一。这一时期的主要措施是建立行业职业教育教学指导委员会，健全政府主导、行业指导、企业参与的职业教育办学机制，以此强化行业在现代职业教育体系建设和职业教育改革发展中的指导作用，加强高等职业教育与产业行业对接，加强学校服务产业发展需求的能力建设。

在"改革边疆民族地区职业教育人才培养体制和办学模式"国家体制改革试点工作的基础上，该省高等职业教育大力推进产教融合，校企合作，加强学生专业技能和职业素养的培养。近年来，在高等职业院校专业中，与企业有合作的专业已达到专业总数的64.05%，同年，36所高等职业院校通过为企业技术服务实现年收入1228.5万元，并为合作企业提供员工培训达到81765人次。

另外一个举措是建设职业教育集团，该省是在全国较早推行职教集团建设的省份，期望通过由政府、行业主管部门、企业、高等职业院校共同组建的职业教育集团，能够以行业力量带动高等职业院校发展。职业教育集团基本对接了主要优势产业、支柱产业和特色产业，如：林业、冶金、生物、医药等，规模由2010年年初的7个发展到2016年的37个（省级25个、州市12个）。加入集团的学校由240所增加到429所（有一校加入多个集团），企业由300多家增加到1656家。79个行业协会、39个科研机构、145个其他社会组织、75个政府部门加入职业教育集团，35个职教集团成员单位累计超过2423家。2015年，该省制定了《职业教育集团管理办法（试行）》，进一步完善了职业教育集团的内部治理结构，使职业教育发展走上了集约化、规模化发展的道路，实现了政、产、学、研、用的有机衔接和融会贯通。

为了促进与地方企业合作，各地级市在此期间还兴起了职业教育园区建设。以职业教育园区建设为契机，实施职业教育规模化、集中化，通过资源优化和共享，从根本上改变职业教育布局散、条件劣、质量差的问题。到2016年，全省规划建设的13个职业教育园区共完成投资182.66亿元，征地2.9万亩，竣工建筑面积641.58万平方米。在地级市建立的8个职业教育园区已经投入使用，入驻中高等职业学校58所，入驻学生26.19万人，一些在边境地区的5个职业教育园区也在加快建设之中。区域性职业教育园区的建设，促进了地方企业资源与学校资源的互补，使高等职业教育的办学水平从整体上得到突破性的提升。

三　内涵发展阶段的高等职业教育"质量工程"建设

"质量工程"建设是教育部力推的高校内涵质量建设项目，以专业、课程和实践基地的专项建设，促进高校人才培养工作的全面提升。云南省注重建立和完善"国家、省、校"三级质量工程体系，系统化实施高等职业院校质量工程项目，引导和深化高等职业院校内涵发展。从2013年开始，省政府每年投入1亿元财政专项资金用来支持高等职业院校的内涵式建设，以高等职业院校质量工程项目单列的方式，实施质量工程分类建设，重点实施特色骨干高等职业院校建设工程、专业服务产业能力提升工程、基础能力建设工程、实践能力提升工程等项目建设，着力深化新时期职业教育教学改革，提高教育教学质量，促进高等职业院校的内涵与质量建设。到2016年，全省36所高等职业院校已在8个质量工程项目类别中，建成国家级项目68个，省级项目773个，涵盖了对口支援西部地区高等学校、教材建设、教学名师、教学团队、精品课程、实践教学与人才培养模式改革创新、专业结构调整与专业认证,以及高等职业教育教学评估8个质量工程类别。

由此可见,根据高等职业教育人才培养工作的内在规律和系统性要求,"质量工程"项目建立了一套质量闭环系统,在高等职业教育内涵发展阶段起到了重要作用,不仅增强了高等职业院校的质量建设意识,还以项目单列、项目支持的方式促进了高等职业院校教育教学工作的质量建设。

四 现代职业教育体系要求下的人才培养"立交桥"建设

十二五期间,云南省统筹谋划并系统推进高等职业教育发展,尤其在2014年全国职业教育工作会议召开以后,为了认真贯彻落实国务院《关于加快发展现代职业教育的决定》的要求,该省制定并出台了《云南省人民政府关于贯彻落实国务院加快发展现代职业教育决定的实施意见》《云南省现代职业教育体系建设规划(2015—2020年)》《关于建立完善改革和绩效为导向的生均拨款制度,加快发展现代高等职业教育的意见》和《职业教育集团管理办法(试行)》等新政策,为加强高等职业教育事业发展的顶层制度设计,加快构建现代高等职业教育体系提供了有力的支撑。

现代职业教育体系建设要解决的一个关键问题是,职业教育各层次教育的人才培养要相互协调与衔接,实现中职—高等职业—本科的贯通培养要求。在各层次职业教育衔接中,招生制度改革是主要环节,通过一系列招生方式的改革,2016年云南省高等职业院校中的普通高中生的生源已经降至总生源的53%,而其他几种生源则快速增到了47%,三校生、五年制招生规模不断扩大,贯通了中职与高等职业的培养渠道。招生制度改革有力地改善了高等职业院校的生源结构,而生源结构又为今后高等职业院校的进一步扩招奠定了基础。除了在职业教育体系内部的改革,该省开始在本科院校中试办高等职业本科，主要是办学条件较好的少数普通本科高校建设有职业教育特色的应用型高等职业本科学院，这类学院除了具有举办职业教育的特点，还在投资机制和收费标准方面区别于同校的其他二级学院。此外，另一项措施是鼓励一些地市级普通本科高校和民办本科院校转型应用型本科教育，2014年11月，出台了《关于推动部分本科高校转型发展的实施意见》，"先后分两批遴选了9所本科高校进行试点，并在2016年新立项支持14个本科高校转型发展试点院系，逐步以院系改革为支点，实现本科高校转型的全覆盖、专业类别转型的全覆盖"①。

五 高等职业教育融入省域经济社会发展的新任务

在国家和地区鼓励发展高等职业教育大背景下，云南省的高等职业教育得到快速发展，政府支持高等职业教育发展的同时，也要求高等职业教育要增强适应地方经济社会发展的需求。面对新时期全省产业升级改造的新变化，传统的烟草、矿产等支柱产业正逐渐被新能源、轨道交通、生物农业、水利水电、数字经济等取代，对高等职业教育的人才在产业的覆盖面和需求数量上都提出了具体任务。近年来，高等职业教育人才培养质量持续得到提高，学校教育教学条件明显改善，服务社会经济发展的能力显著增强，高等职业教育的社会认可度也随之大大提高。但是底子薄、基础差仍是高等职业教育发展的软肋，新老院校、公办民办院校之间，以及不同区域、不同类别院校之间发展不平衡的问题依然存在。这样的问题与一些研究者的前期研究结果相近，说明存在问题还有阶段的持续性。"虽然高等职业教育发展迅速，专业设置类型丰富、数量多，

---

① 《云南一批本科高校将向应用技术型高校转型》，https://yn.people.com，2017年2月13日。

形成了一大批新兴专业、优势专业，以及对应支柱产业发展的重点专业，但与升级的产业结构的对接程度仍有待提升。"[1]

当前，高等职业教育正面临着从规模扩张向内涵式发展的转变，高等职业教育肩负着培养高技能人才和高素质劳动者的重要任务。加快高等职业教育的改革与发展，是深入落实教育部《高等职业教育创新发展行动计划（2015—2018年）》的要求。为了确保"十三五"期间持续推进高等职业教育改革与发展，教育主管部门制定了有关高等职业教育创新发展行动计划的实施方案，建立了高等职业教育多方联动、统筹协调等制度，促进高等职业教育的发展能更好地适应区域发展新要求，让高等职业教育能更好地融入地方经济发展，以及融入当地的经济社会发展战略。

第二节　省域高等职业教育的多样性发展现状

云南省地处中国西南边疆地区，在区域地缘政治上是中国面向西南开放的重要陆路通道，有25个边境县与缅甸、老挝、越南接壤，是通往东南亚、南亚国家的重要门户；在产业发展上以旅游、生态、矿产等为主要支柱产业；有25个世居少数民族分布在16个地级州市。正因为特殊的地理、生态和人文环境，高等职业教育发展也呈现出多样性特征，在发展过程中，既要与全国高等职业教育发展同步，又要体现出该省经济社会发展对高技能技术性人才的需求。

截至目前，该省在院校建设上已形成了服务地方经济发展的高等职业教育"梯队"。从区域分布情况看，省会城市辖区内的高等职业院校占58.33%，其他州市占41.67%。从办学性质情况看，

---

[1] 晏月平、袁红辉：《云南省高职教育与产业发展对接路径构建》，《现代教育职业》2015年第1期。

公办院校占69.44%，民办院校占30.56%。从院校类型分布看，高等职业院校中共分布10种类型院校，其中理工类、综合类和医药类院校数量较多。理工类院校占27.78%，综合类院校占19.44%，医药院校占13.89%，财经院校占11.11%，农业院校占8.33%，师范院校占5.56%，艺术院校占5.56%，林业类院校、政法类院校、体育类院校各有1所、分别占2.78%。

一 管理体制的多元特性

我国高等职业教育的管理主体具有多元性，由于高等职业院校的历史归口管理要求，出现了政府管、行业管、企业管、地方管等多种体制机制。按上级主管部门的划分，高等职业院校管理有双重主体特征，一方面是所有高等职业院校要接受省教育厅的业务指导；另一方面，学校在资金来源、人事管理等方面又要接受各自的主管部门领导。从主管部门的属性看，共有六种类型，分别是：省教育厅主管、地方政府主管、行业或协会主管、各省级政府厅局主管、国企主管、私有经济或个人民办（见图6—2）。

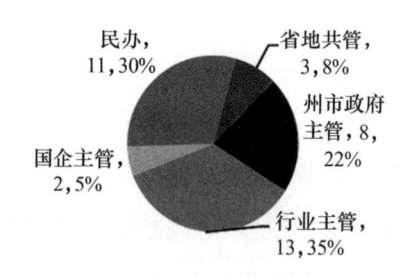

图6—2 高等职业院校管理体制的多样性

归纳起来，高等职业院校归属于六个主管部门，其中行业主管的最多，占比35%；其次是民办院校，占比30%；排列第三位的是州市政府主管，占比22%；省地共管与国企主管分别排列第四、五位。此外，高等职业院校中公办院校占比为70%，民办院校占比30%。经济体制改革的不断深入，使民办高等职业教育的投资渠道拓宽，民办高等职业院校已经逐渐成为高等职业教育体系的重要组成部分。由于管理体制不同，高等职业院校的财政拨款渠道也呈多样化，其中省财政拨款所占比例最大，达到43%；其次是私企投入，占30%；第三位的是州市财政拨款，占比22%；最少的是国企投入，占比5%。

高等职业院校的多重管理特点与"行业企业举办职业教育"的历史是密不可分的，在我国高等教育的发展中，一直是以层次来划分本科院校和专科院校，职业教育并未成为高等教育的类型划分。随着职业教育层次的重心上移，一大批中等专业学校和职业技工学校，甚至包括企业的职工大学等，纷纷合并、升格、转设为高等职业学校，高等职业教育的类型特点也越来越突出。这一时期，高等职业教育的类型属性决定了其办学特点与普通高校有较明显区别，为了在产教融合、校企合作、实践技能教育上体现其特殊性，必须依托行业企业来举办，也就形成了多元管理的特性。

这样的管理方式在高等职业教育发展的初期，发挥了行业、企业办学的优势，所培养的人才更能符合社会对技能型人才的需求。但高等职业教育也具有高等教育的一般属性，也要培养高等级专门人才，行业、企业办学在这方面逐渐显现出了弊端。首先是企业的岗前技能培训与体系化的高等专门人才培养存在明显差异，用企业管理的方式来办学，不能完全适应高等职业教育专门人才的培养需要；其次是行业、企业之间有差异，即使是同一个行业、企业也有周期发展的起伏，这造成了不同高等职业院校之间办学效益和质量的差异，要实施有效的外部质量保障，存在着主观认识、体制机制、保障条件、财政投入等诸多障碍。为了建设更加健康和可持续发展的现代高等职业教育体系，该省自2018年开始，又进行了高等职业教育发展的体制机制改革，将所有高等职业院校归口到教育厅主管，在财政拨款上按照国家的生均最低拨款来加以保障，这为构建适应高等职业教育多样化发展的外部质量保障体系，破除了体制障碍，也奠定了较好的基础。

二 行业类型的多样性现状

从行业类型划分，全省高等职业院校中理工院校占比最高，达到了 27%；排列第二位的院校是综合类，占比为 19%；第三位是医药类，占比 13%；第四位是农业，占比为 11%；第五位分别为师范类与财经旅游外事类，占 8%；第六位为艺术类院校，占比 5%；林业、体育和政法排列第 7 位，分别占比 3%；没有语言院校和民族院校（见图 6—3）。

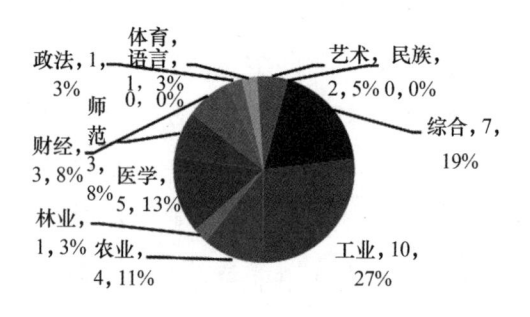

图 6—3 高等职业院校行业类型多样性

图 6—3 结果表明，高等职业院校主要集中在省会城市，覆盖了 10 个行业类型院校，而在州市设置的高等职业院校主要是师范和医学类院校。在"教师培养""医师培养"，以及"农、林、矿"等高素质人才培养和社会服务方面，出现区域院校布局的倒置。

作为一个农业大省，云南省建立"绿色经济强省"和"民族文化强省"战略，需要加强对林业、农业类院校的建设，并增设民族类院校。此外，从行业所属看，该省优势行业院校占比 51%，而艰苦行业占比 35%，无所属行业占比 14%（见图 6—

4）。这样的院校类型设置也不能较好地服务于艰苦行业和产业的改造。所谓的艰苦行业，主要是指经济社会发展所需要的农、林、水、地质、矿冶、煤炭、医药、师范等国民经济部门需要的行业。而优势行业，则是指目前各行各业急需并具有较强的比较优势和竞争优势的产业。目前全省高等职业院校在行业类型的院校布局结构急需做出调整，尤其是要重视农业、矿业、林业等行业和产业对人才数量的要求。

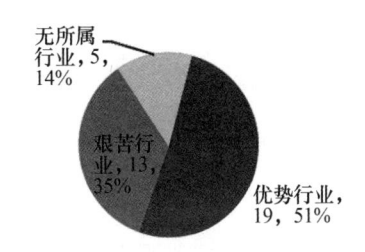

图6—4　云南省高等职业院校的行业类型多样性

三　区域布局现状

云南省有16个地级以上州市，除少数地市外，其他都至少设置有1所高等职业院校。其中多数高等职业院校是在省会城市办学，基本形成了以省会城市为中心的高等职业院校布局，这样的院校布局是因为省会城市相对于其他地市级城市，有更好的产业发展环境，能给高等职业院校的发展提供相应的师资支持和资源保障。

从区域布局看，省会城市集中了大多数的高等职业院校，占总量的57%；一般州市占比19%；沿边地市占比24%（见图6—6）。目前，高等职业院校在省会城市的布局呈"扁担"型特点，一方面集中优势行业院校；另一方面无行业依托院校较集中，而州市院校主要依托艰苦行业，在行业支持上乏力。整体而言，强者不强，弱者很弱。该省和周边东盟国家山连山、水连水，同处在一个地理圈，

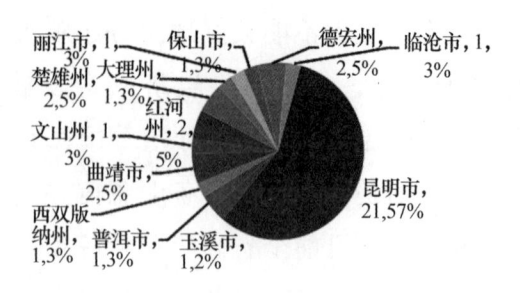

图 6—5　高等职业院校的区域分布多样性

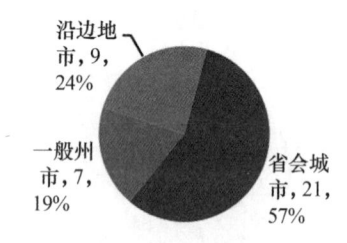

图 6—6　高等职业院校区域所属多样性

这决定了该省沿边地级市院校在"建设面向西南开放"战略中独特的区位优势。

高等职业院校的区域布局直接关系到如何服务地方经济社会发展，该省高等职业院校的区域布局在不断地发生着变化。一方面，原来合并升格组建而成的各地市高职高专院校，为了适应地方需要，多数又组建了新的地方本科院校；另一方面，一些新设置的高等职业院校为了发展，基本在省会城市落地。这样的变化使得一些急需高技能应用型人才的地级市人才短缺，而集中于省会城市办学的一些工科类高等职业院校毕业生，宁愿转行其他职业也不愿回到地方就业，形成了新的人才资源的浪费。因此，在新一轮的高等职业教育质量保障中，如何引导一些无行业依托的高等职业院校提升产教融合的能力，如何增强一些服务于地方艰苦行业的高等职业院校竞争力，是今后一段时期的重中之重。

四 不同类型高等职业院校的办学水平

我国的高职高专院校发展起步相对较晚，基础也薄弱，大多数高职高专院校是从2002年以后新升格或新组建的，不同的办学历史以及不同的依托行业，办学历史相对较长，且依托行业发展较快的高等职业院校也得到了快速发展，不同类型高等职业院校的办学水平存在较大差距。这些院校主要是举办高等职业教育的普通高等专科学校，以及师范、医学等专科属性较明显的院校，还有一些是随着交通、矿产、机械制造行业快速发展而受益的高等职业院校。目前，该省高职高专院校中有国家级示范骨干院校7所，省级示范院校7所，省级特色骨干院校8所，这成为高等职业院校之间层次划分与水平差异的新标签。

整体来看，该省高等职业院校的整体办学水平相比国内其他省市，也还存在办学水平不高，特色不明显，结构不合理等情况。具有领先地位的"示范性高等职业院校"仅占总数的8%，更多的高等职业院校还在完成初期的条件改善和规模扩张任务，这些院校在办学理念、产学结合、特色、就业等方面都有待提升。国家级示范、省级示范、省级特色骨干院校主要体现出所依托的行业优势，而一些面向艰苦行业的院校却得不到足够资源。同时，高等职业院校的区域布局不平衡，以及办学水平存在较大差距等问题，为新一轮的"优质高等职业院校建设"中，如何构建"诊断与改进"为核心的外部质量保障体系提出了新任务和新要求。

第三节 省域高等职业教育发展中质量问题与质量保障需求

发展不充分与不平衡仍然是云南省高等职业教育存在的突出问

题。发展不充分问题主要有：院校办学规模小、专业重复设置、学校的质量建设自主意识不强，满足区域经济社会发展的需求，以及满足人民接受高等职业教育的供给能力较弱；而发展不平衡问题主要是不同地市级、不同归属行业、不同发展基础带来的高等职业院校办学水平和人才培养质量存在较大差距。

一　发展水平与全国平均水平的差距明显

从国家级示范（骨干）高等职业院校的数量衡量，全省共有3所国家级示范（骨干）高等职业院校，在全国32个省市中排名第26位，高水平高等职业院校的建设任务仍然很重。

另外，在经费投入方面，通过表6—1数据也可以看出：该省的年生均财政拨款水平和年生均财政专项经费虽然在持续上涨，但与全国平均水平相比较，还存在差距逐渐扩大的趋势。在年生均财政拨款水平方面，2015年的省年生均财政拨款水平是全国平均水平费用的73.39%，而到2016年，下降到仅是全国水平费用的66.66%；年生均财政专项经费方面，在2015年是全国平均水平的74.56%，到2016年，这一数据滑落到74.2%。两组制约高等职业教育发展的经费投入数据都有不同程度的下滑。

表6—1　全国与云南省高等职业院校生均财政拨款情况表　　（单位：元）

项目	2015年		2016年	
	全国	云南省	全国	云南省
年生均财政拨款水平	11761.46	8632.2	15661.18	10431.44
其中：年生均财政专项经费	4488.68	3346.89	6036.1	4482.4

高等职业院校生毕业半年后的月收入是"记分卡"中衡量高

等职业院校人才培养质量的另外一项关键指标。图6—7的数据表明：2014—2016年该省高等职业学生的月收入都要低于全国平均水平。2014年以后差距还在不断扩大，该省在逐年下滑，而全国平均水平却逐年提高。

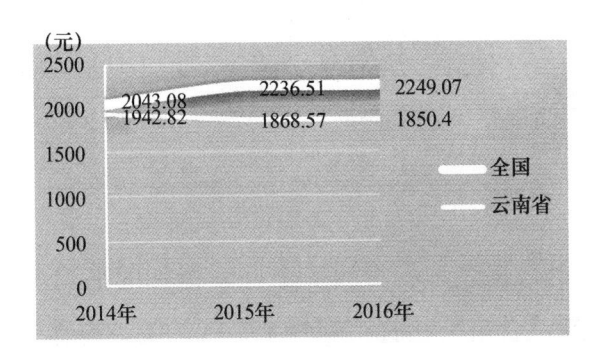

图6—7　2014—2016年全国与云南省高等职业院校学生月收入比较图

二　不同区域、院校之间发展极不平衡

2018年全省共有43所高等职业院校，其中公办院校32所，民办院校11所，从区域分布看，高等职业院校在区域分布上极不平衡，省会城市聚集了24所高等职业院校，占全省高校总量的60%，而另外11个州市的高等职业院校共计仅有11所。职业教育资源过度集中在省会城市，造成高等职业教育资源的分布不均，教育不公平的现象较为突出。

另外，根据教育部2004年下发的《普通高等学校基本办学条件指标（试行）》，研究选取了4个基本办学条件指标：研究生教师占比、生均教学行政用房面积、生均教学仪器设备值、生均图书；以及3个监测办学条件指标：生均占地面积、生均宿舍面积、百名学生配教学用计算机指标，对高等职业院校的部分基本办学条件指标进行比较。

表6—2　　　　云南省高等职业院校基本办学条件统计表

项目	具有研究生学历教师占专任教师的比例（%）	生均教学行政用房（平方米/生）	生均教学科研仪器设备（元/生）	生均图书（册/生）	百名学生配教学用计算机台数（台）	生均占地面积（平方米/生）	生均宿舍面积（平方米/生）
平均	36.48	23.7	9417.15	88.14	21.76	115.58	12.88
最大值	63.23	76.03	38836.3	376.71	81.51	564.94	52.06
最小值	4.35	5.9	1602.12	28.66	0.23	12	4.69

表6—2的数据显示：虽然7个办学指标的平均值都已超过国家规定的办学"合格"指标，但每个指标的院校内部差距很大。例如，具有研究生学历教师占专任教师的比例，院校之间的指标数据差距达到15倍，地区之间与归属行业之间的差距，反映到不同的高等职业院校之间形成了整体办学实力的差距。资源分配不合理与发展不均衡是我国高等职业教育比较突出的问题，并形成了连锁反应，越差的高等职业院校越没有自我建设的能力，教育教学质量问题也越突出，面临着新一轮高等职业教育扩招的严峻挑战。可以预见，如果没有强有力的外部支持，这些学校最终会被再次合并，而使高等职业教育"在每个城市有布点"多样性发展格局发生改变。我国高等职业教育外部质量保障体系的建设，应该对这类院校的质量建设予以高度重视，否则，将整体拉低高等职业教育的发展水平。

三　办学资金来源单一，制约了高等职业院校发展

高等职业院校的经费收入来源可分为学费收入、财政经常补助收入、中央和地方财政专项投入、其他收入和社会捐赠五个部分。该省高等职业院校的经费主要依靠学费收入和财政收入。2018年数

据显示：学费收入、财政经常补助收入和中央、地方财政专项投入占到了高等职业院校经费总收入的85.86%。反映出高等职业院校的"自我造血"的能力不强，经费来源过于单一的问题，办学经费来源的单一渠道将会制约未来高等职业教育的发展。

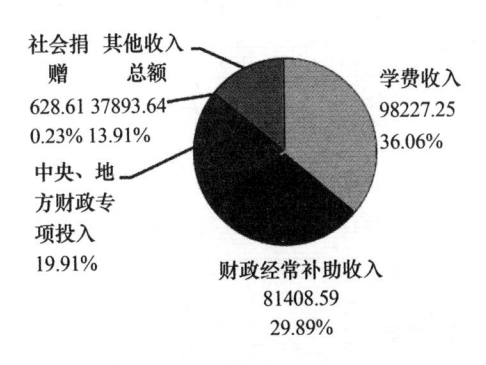

图6—8 云南省高等职业院校经费收入分布图（单位：元）

四 高等职业教育融入产业的特色不明显

经过多年的探索与建设，全省各高等职业院校的校企合作已初显成效，但问题也突出。从成效看，已经建立了稳定的合作企业，校企合作关系得到了进一步巩固。高等职业院校中有64.05%的专业有合作企业参与人才培养，而且企业录用学校顶岗实习毕业生的比例也在不断增加，2018年的比例达到53.09%。双方的合作关系表现为高等职业院校主动寻求合作的意识不断增强，而企业也逐渐开始认可学校的人才培养质量，愿意录用去顶岗实习的学生。从问题看，当前校企合作的深度还不够。一是订单培养的数量指标上，学校的主要合作企业订单培养学生人数仅占到高校在校生数的2.89%；二是课程教学的校企合作程度也较低，单个专业的校企共同开发教材数仅有0.45本；三是服务合作企业所产生的经济效益明显不足，学校为企业提供技术服务的平均年收入仅有34.13万元（见表6—3）。

校企合作是高等职业教育质量建设的重要保障，从宏观的高等职业教育发展角度看，"产教融合"是最终要实现的目标；从微观的院校人才培养质量建设看，"校企合作"是人才培养质量适应产业发展需要的重要保障。不论是宏观的产教融合，还是微观的校企合作，要实现深度的合作，需要从各自的真实需求切入，以"价值共建"来联结不同合作主体的关系，建立学校与行业、企业共赢的机制，这也是高等职业教育发展的特色。

表6—3　　2018年云南省高等职业院校产学合作基本情况表

项目	有合作企业的专业数占专业设置总数比例（%）	主要合作企业订单培养人数占全日制高等职业在校人数比例（%）	企业录用顶岗实习毕业生比例（%）	校企合作共同开发课程门数占开设课程总门数比例（%）	专业拥有校企合作共同开发教材数（本/个）	学校为企业技术服务年收入（万元）
平均值	64.05	2.89	53.09	2.76	0.45	34.13

五　教师队伍的"双师"素质培养与结构优化问题

当前，增加"双师"素质的教师培养与结构优化，仍是全省各高等职业院校教师队伍建设的突出问题。我国2004年的高职高专院校人才培养工作水平评估标准规定："双师"教师要在校内专任教师中占有足够比例，合格的基本标准是"专业基础课和专业课中双师素质教师比例要达到50%"。图6—9的数据显示，该省高等职业院校"双师"素质教师比例还未达到国家基本标准，与全国的平均水平有较大的差距。

我国建立的高等职业教育外部质量保障体系，将教师队伍建设，尤其是"双师"队伍建设作为了一项重要指标，但在高等职业

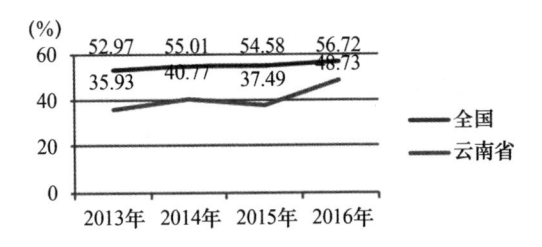

(%)
60 52.97 55.01 54.58 56.72
      35.93 40.77 37.49 48.73
40
20   ——全国
                              ——云南省
 0
    2013年 2014年 2015年 2016年

图 6—9　与全国双师素质专任教师比例对比图

院校的实际办学过程中，"双师"教师的数量与质量问题依然非常突出。主要原因为：一是在引进行业教师过程中，由于受到高校人事管理制度限制，没有一定学历文凭和职称的"能工巧匠"型产业人才很难达到高校的人事引进要求，而被拒之门外；二是高等职业院校对现有专任教师进行产业能力培养的措施不多，让教师像学生一样到企业去顶岗实践，以提高教师的"双师"素质能力，这本来是很好的策略，但由于去企业实践会耽误校内教学工作，影响教师个人收入，再加上现有的职称评定制度依然是学科导向型，最终使得校内教师到行业和企业提升"双师"素质的制度落空。从现状调查看，高等职业院校的"双师"素质专任教师比例有待进一步提高，来自企业行业一线的兼职教师比例还比较偏低，校内专任教师承担的课堂教学任务重，影响了教师去行业、企业进行生产一线实践的主动性。

高等职业院校"双师"教师队伍建设的另外一个指标是：企业兼职教师在校内专业课教学中的课时所占比例。该指标的内涵是：校外兼职教师承担的专业课课时总数与全校专业课课时总数之间的比例。我国在高等职业院校人才培养评估标准中，将校外聘任的教师分为"兼课教师"和"兼职教师"，前者主要是因为理论课程教学需要，从其他高校聘任具有教师资格的教师来兼任理论课程教学，后者主要是因为实践课程教学需要，从行业或企业聘任一线管理、技术人员和能工巧匠承担实践性课程教学。从图 6—10 的数据可以看出：全国高等职业院校的企业兼职教师专业课课时占比从2013年开始呈现下降的趋势，云南省也一样呈现逐年下滑的态势。2016年，高等职业院校的企业兼职教师专业课课时占比仅为12.85%，而全国的这一个数据为15.83%。从外部质量保障体系的建设看，如何落实教育部的"逐步加大兼职教师的比例，形成实践技能课程主要由具有相应高技能水平的兼职教师讲授的机制"的要求，是师资质量保障和提升的重要内容。

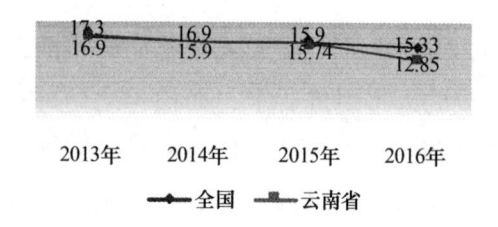

图6—10 与全国企业兼职教师专业课课时占比（单位:%）

本章小结

云南省高等职业教育发展受制于产业发展水平不高、高等教育基础薄弱，在2000年以前，高等职业教育在高等教育体系中的地位并不突出。随着国家大力发展高等职业教育的系列政策出台，该省的高等职业教育也得到了相应发展。这样的发展方式主要依靠国家和地方政府支持，高等职业教育并没有形成"产业驱动型"模式，而是典型的"政策驱动型"的发展。其主要任务非常明确，就是解决长期滞后的高等职业院校数量不足、学校基础条件差、学生规模偏小、布局结构不合理的问题。

从高等职业教育早期阶段的规模发展的看，主要出现在三个高峰时期，分别是2001年、2004年和2006年。第一个时期的特点是落实国家在高等教育发展中"共建、调整、合作、合并"的八字方针，以及国家倡导的高等职业教育新模式，包括：省和地级市政府共建共管，有条件的中专和中职学校合并办学，高等职业教育与行业企业协作办学、合作办学等；第二个时期是因为国家财政支持力度有限，社会力量参与办学被提到了重要议程，一些有实力的国有大型集团企业和民办企业也参与到办学中，民办高等职业院校的数量得到扩张；第三个时期与地方本科高校的升格有关，一些原有的在地市级办学的高等专科学校升格为地方本科高校，留下了专科层次的高校发展新空间，一批行业特色明显的中职、中专院校升格补充到高等职业教育。

2006年以后，高等职业教育的规模发展逐渐趋于稳定状态，人才培养工作内涵建设和质量提升，成为新时期的发展主题。由于特殊的地理、生态和人文环境，该省高等职业教育发展也呈现出多样性特征，表现为管理体制多元、行业类型多样、区域布局分散，发展水平参差不齐。这些都为特殊环境下发展高等职业教育带来了新要求，在发展过程中，既要与全国高等职业教育发展同步，又要体现出全省经济社会发展对高技能技术性人才的需求。

至今，一些发展中的具体问题仍长期存在，没有得到很好解决。例如，发展水平与全国平均水平的差距；省会城市与地级市之间高校的差距在不断拉大；不同行业举办的院校之间发展也极不平衡；办学资金来源单一；高等职业教育融入产业的特色不明显；教师队伍的结构与素质等问题，成为制约该省建设"现代性"高等职业教育的障碍，需要在高等职业教育的管理体制和机制上不断深化改革，建设行之有效的外部质量保障机制促进高等职业教育的发展。

第七章

我国省域外部质量保障的分级体系建设

将高等职业教育外部质量保障作为人才培养质量提升机制进行系统规划与建设，云南省是在全国相对较早开始的，也享有较好的社会声誉。2000年为了适应国家对各级政府在教育管理职能上的转型要求，继江苏教育评估院、上海教育评估院之后，该省在全国较早成立了具有"教育中介"性质的高等教育评估事务所。并以此为起点开始从第三方评估机构建设、人才培养工作评估机制建设等方面，逐步建设和完善高等职业教育外部质量保障体系。

第一节 省域高等职业教育外部质量保障体系的建立

高等职业教育的地方外部质量保障体系建设，与省级教育主管部门的质量发展意识密切相关，由于高等职业教育的发展基础相对较差，政府加强质量管理的要求也相对较高，在意识到政府职能部门无法实现系统而科学的外部质量保障以后，教育主管部门在全国率先尝试了与大学的高等教育研究机构开展外部质量保障合作。

一 外部质量保障建设的历程

高等职业教育是高等教育的重要组成部分，在高等教育体系中占有"半壁江山"，各省的高等职业教育结构也基本一致。以云南省为例，截至2018年，全省共有74所高校，其中高等职业院校43所，占总量的58%。2014年6月，国务院印发的《关于加快发展现代职业教育的决定》，全面部署加快发展"具有中国特色、世界水平的现代职业教育体系"。面对新形势和新任务，以及来自学校内部的竞争压力和政府的管理要求，要保持稳定的办学质量，通用的做法之一就是建立行之有效的质量保障体系。

云南省高等职业教育外部质量保障建设是以教育部《关于全面提高高等职业教育教学质量的若干意见》《高等职业院校人才培养工作评估方案》等为依据，在教育部的统一部署下，由省高教评估中心组织实施的高等职业院校人才培养评估工作。自2004年开始，高等职业外部质量保障体系建设经历了三个发展阶段。

第一阶段（2004—2007年），是高等职业院校条件审核与合格评估阶段。主要通过评估的手段，促进高等职业院校规范办学行为，加快基本条件建设，结论分为"优秀""良好""合格""不合格"4个等级。由于这一阶段评估的主要任务是促进高等职业院校的办学基本条件达标，并形成与高等职业教育要求相符合的管理和教学规范，因此，常常称其为高等职业院校合格评估或条件评估。

第二阶段（2008—2011年），是内涵建设与水平评估阶段。进一步贯彻了国家有关高等职业教育发展的内涵要求，提升了高等职业院校的专业、课程、实践教学等内涵建设质量，改革了适应高等职业院校高技能人才培养的教育教学模式，结论分为"通过""暂缓通过"2个等级。

第三阶段（2012年— ），是特色发展与评估阶段。主要目的是促进高等职业院校进一步明确办学目标、定位和发展方向；深化教育教学工作的内涵建设与改革；完善学校内部质量保障体系；"总结学校的优秀办学经验，树立典型，不断增强高等职业教育人才培养质量和社会声誉的内在动力；发挥评估对学校人才培养工作的导向、示范作用"[①]。结论分为"特色通过""合格""暂缓通过"3个等级。

2016年，高等职业教育的外部质量保障将进入新的发展阶段，即"诊断与改进"的外部质量保障体系建设。其目标任务是以内部质量保证体系建设为主要内容，以高等职业院校自我保证为责任主体，以常态化质量保证和持续诊断改进为工作机制，分类指导高等职业院校内部质量保证体系的建设与持续改进。主要的运行机制是建立基于高等职业院校人才培养工作状态数据、学校自主诊断改进、省级教育行政部门根据需要抽样复核的工作机制。促进高等职业院校在教学工作诊断与改进中，构建网络化、全覆盖、具有较强预警功能和激励作用的内部质量保证体系，实现教学管理水平和人才培养质量的持续提升。预期的结果是把工作重心放在高等职业院校内部质量保证体系建设上，确立以提高人才培养质量为核心的院校自我约束、自我发展、自我保证的质量保障机制，进一步突出高校是质量保证的责任主体，最终实现以外部质量保障促进内部质量保障体系的完善。自2004年实施人才质量水平评估工作以来，经历了从条件向内涵，从外部向内部转变的不同发展阶段，回顾高等职业教育事业发展的评估历程，有助于对未来高等职业教育外部质量保障体系建设做好研究和准备。

---

① 刘康宁：《高等职业院校2009—2013年人才培养工作评估总体规划》，https://www.yn-bsyz.cn，2019年3月11日。

二 第三方专业化评估机构的建立

云南省在建设外部质量保障体系时,一直将评估机构建设放在了首要位置。2000年经省教育厅批准,省工商局注册认定,依托大学成立了"高等教育评估事务所"。这是我国首批建立的中介性高等教育评估机构之一,具有"半官方高等教育学术评估中介机构"的性质,主要开展专业教育评估资质,专门从事高等教育评估及中介咨询服务,具有独立的企业法人资质。2006年在事务所的基础上,正式成立了"省高等教育评估中心",与之前的机构相比,评估中心的最大转变是从"专门化"向"专业化"机构转变,"通过依托高校专业学术机构的方式,强调评估管理者的'专业性',突出评估程序的'独立性',增强评估研究的'学术性',初步探索出了一条政府与高校专业评估机构合作开展外部质量保障的工作模式。"[①]

该省高等职业教育外部质量保障机构的建设,突出了半官方高等教育学术评估机构的运行模式,逐渐在机构的中立价值取向、专业学术研究、公正制度保障方面形成了自己的特色,并于2007年加入亚太质量保障网络组织(APQN),成为该组织的正式会员,是亚太质量保障网络组织在中国大陆的三个会员之一。

在第三方的外部质量保障机构的建设过程中,该省探索了以学术研究提升机构"专业化"水平的路径,这是对"第三方"内涵建设的实践探索,不仅有助于机构队伍建设中逐渐形成"职业化"特征,还促进了机构在外部质量保障制度建设中能以理论指导实践,同时也提升了社会公信力建设与影响力。

[①] 蒋洪平、唐以志:《高等职业院校专业评估实施效果调研报告——以云南省、重庆市为考察对象》,《中国职业技术教育》2016年第33期。

三　推出符合高等职业教育发展的省级特色评估制度

2012年，在教育部开展的高等职业院校人才培养评估基础上，省高等教育评估中心自主研制，并实施了本省的高等职业院校特色评估。

在省内高等职业院校开展的特色评估，突出了三个特点：一是强调实践性，要求院校在特色项目自我评估中，从概念总结转变为实践性的经验总结；二是强调示范性，要求特色项目的建设过程对于其他同类高等职业院校有积极示范作用，能引领其他院校共同发展；三是强调发展性，要求特色项目不仅能反映各高等职业院校的发展历史，还能指导院校未来的差异化发展。特色评估引导各高等职业院校积极吸收用人单位参与教学质量评价，建设多元的外部质量保障机制，突出教学督导功能，规范教学运行，完善制度管理，逐步形成"政府引导，学校主体，社会规范参与"的教学质量保障体系，全面提升教学管理水平。这些独创的理念和方式，受到了政府和高校的好评，在教育部2013年的全国各省市区的地方评估现状调研中，被选为有区域代表性的案例，各高校也在参评过程中对外部质量保障的导向性给予了充分认可。

第二节　省域高等职业教育外部质量保障体系的运行

我国高等职业教育在完成了基础条件建设与规范性管理以后，开始进入一个内涵质量建设与特色发展并重的发展阶段。由于我国高等职业教育外部质量保障的运行方式是"国家统筹、以省为主"，从国家和各省分级管理的要求看，教育部在外部质量保障体系建设上要重点保障质量底线的要求，而各省则应该实现区域的多样化发展和质量提升。

一 建设省级特色的外部质量保障制度

在外部质量保障运行过程中,坚持教育部方案的基本标准,并结合该省高等职业教育的发展现状和潜力,自主制订实施工作方案。在评估标准、评估程序、评估结论等与全国其他省份保持一致的同时,根据高等职业教育发展的省级地方需求,建立了特色发展评估和专业评估的外部质量保障模式,以此引导高等职业院校多样性发展与专业内涵建设。

特色发展评估是该省高等职业教育外部质量保障的方法创新,也是对教育部高等职业院校人才培养工作评估的进一步改良。

早期在省级开展的高等职业院校外部质量保障工作,主要任务是执行教育部的有关要求,包括高职高专院校人才培养条件评估和内涵评估。在完成了对高等职业院校办学条件的基本保障、管理规范和人才培养质量内涵建设的评估以后,该省继续推进了促进高等职业院校多样化发展的特色评估,以实现对高等职业院校的分层分类管理。与条件评估与内涵评估不同的是,特色发展评估是为了促进地区高等职业教育多样化发展,而新建立的外部质量保障,同时,要引导省内各高等职业院校实现更高的质量建设目标,包括质量意识、质量文化等方面的建设。

区域外部质量保障的特殊性体现为:通过特色发展评估来促进高等职业院校"进一步明确办学目标、定位和发展方向;深化教育教学工作的内涵建设与改革;完善学校内部质量保障体系;总结学校的优秀办学经验,树立典型,不断增强高等职业教育人才培养质量和社会声誉的内在动力;充分发挥评估对学校人才培养工作的导向、示范作用"①。特色发展评估是针对区域高等职业教育发展水平相对较低，不同地域、行业院校发展不平衡、不充分的状况，对"内涵与质量"建设提出的特殊要求。

二 以专业评估来构建项目评估的外部质量保障体系

高等职业教育外部质量保障的工作重心随着高等职业教育的发展，其工作要求和内容也正在发生明显转变。首先，笼统而宏观的院校评估不能深入到人才培养关系最为密切的专业、课程和教师层面，评估对象已从院校的整体办学水平变得更为具体和精细，评估重心由院校评估逐渐位移到专业、课程等中微观层次，这才能从人才培养的专业层面解决内涵和质量提升的问题。其次，政府主导的行政性评估抑制了院校对自身质量建设的主动性，各高校疲于应付各种各样的外部评估，难以从更为开阔的质量视野去审思用人单位、家长和学生，以及其他利益相关者对人才培养的质量需求；评估标准和指标体系更应该关注到教育的服务对象需求，而非是行政需求。为此，该省在全国各省份中最早实施了高等职业院校专业评估工作，以构建更为立体和深入的外部质量保障体系。

建立和完善专业人才质量标准、以专业认证和评估为手段推进高校专业建设，是高等职业教育质量保障的一个新趋势。在专业评估的运行过程中，充分发挥高校专业建设状态数据库作用，建立专业建设动态管理与评估机制、对不同层次高校和不同建设期的专业进行分类评估，以专业信息平台实现对专业办学过程重点信息采集与常规监测管理，采用数据库常态监测和专家不进校评估相结合的方式，定期发布全省高校专业建设质量分析报告，建立健全了省级

---

① 张建新、刘康宁：《促进高等教育内涵式发展的特色评估》，《上海教育评估研究》2013年第2期。

专业办学质量监控和预警机制。为高校进一步加强专业办学条件建设，深化人才培养模式改革，完善内部质量保障和评估制度提供了依据，为合理调整与优化专业结构提供决策参考，不断提升高等教育的专业办学质量和服务经济社会发展水平。

专业评估内容与标准的设定逻辑与院校评估是完全不一样的，专业评估的内容更侧重于专业人才培养目标是否有效实现，从"学校教给学生什么"转移到"学生学会什么"，教育的最终产出即毕业生所具备的能力和素质等。这样的质量标准链建立运用了反推逻辑，也就是专业质量的判断是建立在学生质量基础上的，根据对质量的测定，再推导专业办学条件的保障作用、专业教学过程的有效性等。

云南省在专业评估运行过程中，制定了"通用基本标准"和"专业补充标准"，在通用标准上突出了学生学习成果产出的导向作用，重点考察毕业生未来进入职业领域所具备的相关能力和素质；而补充标准则侧重各专业教育目标和学生学习效果达成的一致性，并收集学生学习的成果性证据，分析专业人才培养质量。

第三节 省域外部质量保障的分级体系建设

我国高等职业教育的外部质量保障主要是政府主导模式。一方面，外部质量保障体系是国家和各省级政府共同建立的纵向体系，国家的外部质量保障内容体现了对高等职业教育人才培养的基本要求与规格，而省级质量保障是凸显不同地区高等职业教育发展的多样化质量需求；另一方面，外部质量保障体系的建设主体是政府，社会参与意识和参与程度都相对较低。这样的政府主导型外部质量保障模式，在高等职业教育发展的早期有利于建立规范性要求和引导发展，但在高等职业教育发展到一定程度以后，特别是不同行业企业对高素质的技能型人才要求提升以后，政府主导的单一外部质量保障模式就显得力不从心了。云南省的高等职业教育发展历程与全国基本一致，但在发展方式和发展要求上却又有自身的多样化需求，外部质量保障体系在其中发挥了至为重要的作用，但也存在一些质量保障的机制障碍和科学性问题，有普遍性，也有特殊性。

一 评估内容上，内涵与特色并重

特色评估是对内涵评估的继承和发展，特色评估依然注重从领导作用、师资队伍、课程建设、实践教学、特色专业建设、教学管理、社会评价七个方面对高等职业院校的人才培养和内涵建设，特别是符合高等职业特色的教育教学模式、师资队伍建设和教学基地建设。引导高等职业院校规范教学管理，重视专兼职教师队伍的建设，不断改善校内校外实践教学条件，加强实践教学的投入和水平，引导高等职业院校进行教育教学改革。

在重视学校内涵建设的同时，评估同时强调高等职业院校的特色。"特色是高等职业院校在长期办学中形成的优势，要能体现学校的办学方向，有稳定的运行机制，经过一定的实践周期，并已取得明显成效。"特色是高等职业院校健康发展的生命力，也是高等职业院校的核心竞争力的一种表现，它反映学校的教育质量和办学水平。

另外，在特色评估方案中，强调了特色不是一个抽象的概念，而是学校长期发展过程中形成的，并取得了一定的成果。因此，特色评估会从规划定位、保障实施、运行管理、效果声誉即教育理念、教学运行、教育产出这六个方面对高等职业院校的特色进行评价。

二 评估方式上，体现分层分类评估

特色评估方案在评估方式上采取分层分类的评估方式。当前，全省的高等职业院校发展水平呈现多样化，有国家级示范性高等职业院校，还有省级示范性高等职业院校，还有新成立的高等职业院校，如果统一用相同的内涵指标对所有院校进行评估，评估结果只分为"通过""暂缓通过"两种，为此，针对历史悠久、发展速度快的院校仅仅进行内涵合格评估，对于这些高等职业院校，评估的意义和作用将会流于形式。而特色评估采用分层分类的评估方式，意味着对于国家级、省级示范性（骨干）高等职业院校的考察重点是院校特色建设的评估，要求高等职业院校的特色在宏观、中观、微观层面都能体现，并能互相支撑、相互印证；而参加过高等职业评估的院校采用内涵建设与特色建设评估并重的方式，新建且未参加过高等职业评估的院校以内涵建设评估为主，特色评估主要考察特色规划、定位以及特色培育措施。特色评估"针对不同高等职业院校的办学历史、类型等特点，合理运用目标参照、常模参照、潜力参照三种评估方法，建立'校校不同'的评估模式。以教育教学内涵建设评估为基础、以特色项目主题审核为主要内容，推动院校在办学特色上稳定成长，构建高等职业院校多元特色格局"。

三 质量意识上，突出高校的主体地位

对于高等教育的评估主体目前在教育界有两种认识，"一种是高等教育评估制度的主体，在这里我们简称制度主体，另一个是高等教育评估的具体执行者，即具体执行评估时组成的专家组成员，我们称其为执行主体"[1]。1990年教育部《普通高等学校评估暂行

---

[1] 黄六晓：《浅析高等教育评估主体》，《高教研究与评估》2005年第2期。

规定》中要求："普通高等学校教育评估由各级人民政府及其教育行政部门组织实施。"从中可以看出，我国高等教育评估的主体是各级政府。高等教育评估完全是行政行为，是一个从上到下的纵向行政评估体系。政府作为外部质量保障的单一主体，已出现很多弊端，不利于更多的社会力量参与外部质量保障，也不利于学校形成自主的质量意识。

在外部质量保障体系建设中，不断引入行业企业人员和一线教师参与，逐步形成了以学校为核心的教学质量保障体系。转变了以往在评估过程中形成的专家主导意识，进一步提高了高等职业院校"参与评估"的主动性和积极性，保证高等职业院校和评估专家双方可以在评估过程中平等交流，共同分析问题、共谋学校发展，强调高等职业院校的"全面参与"，并在评估过程中不断与评估专家在标准内容的"价值构建"进行探索。

政府、专家、高校三者在评估过程中体现了不同的主体地位，其不同的角色构成编织了评估活动中的复杂关系，树立高校的主体质量意识，对于构建一个科学而可持续发展的外部质量保障体系尤为重要。

四 存在问题的归因分析

云南省虽然基础薄弱、高等职业教育的整体水平不高，但始终将其摆在经济社会发展全局的重要位置，认真贯彻国家方针政策，不断创新体制机制，着力提升办学质量和水平，全省的高等职业教育实现了快速发展。2018 年，高等职业教育取得了历史性突破：一是水平的提升，在经过多年的国家示范校和骨干学校建设后，在此基础上遴选了 10 所高等职业院校作为新一轮国家"优质校"建设高校，在这些学校的引领和带动下，全省高等职业院校整体的人才培养质量得到了明显提升；二是规模发展取得了新突破，当前该省高等教育的毛入学率是32.6%，虽然这一数据距离全国平均水平还有很大差距，但相比2015年25%的毛入学率，已经取得了历史性突破。其中，高等职业教育做出了巨大贡献，高等职业院校在校学生规模已占到近二分之一，为一些民族、边疆地区劳动力密集、高中教育水平不高的人群提供了更多接受高等职业教育的机会。快速发展规模，同时高质量的发展，是今后一段时期全省高等职业教育发展的主题。虽取得一些历史性突破，但一些关键问题仍然制约着高等职业教育发展，外部质量保障所发挥的作用也受到限制。

（一）长期难以解决的发展问题制约了外部质量保障的作用发挥

高质量发展高等职业教育这一主题，对于云南省而言，还存在着长期难以解决的结构和发展方式问题：一是结构问题。如何优化高等职业教育的学校和专业布局，是高等职业院校如何错位发展，如何更好适应全省产业发展对高等职业院校的高技能人才需要的关键。二是院校发展方式问题。我国高等教育在经过快速发展，普通高等学校数量和在校生规模取得突破以后，高等教育正朝着量变向质变的内涵式发展转变。高等职业教育正在面临着规模和质量发展的双重压力，因此内涵发展方式与其他省区还不一样，比较突出的是在新的规模增长形势下人才培养模式的适应性问题，一边是规模增长速度要加快，而另一边要保证高等职业院校的发展方式能适应规模增长要求，人才质量不滑坡，这需要有科学合理的外部质量保障体系去全方位引导高校的人才培养体系建设。面对新形势、新常态与全省高等职业教育改革发展的需求，外部质量保障建设还存在着诸多自身问题，影响了其促进高等职业教育发展的有效性。

（二）质量保障体系的功能不足

外部质量保障体系的建设并不能完全解决高等职业教育发展的质量问题，从高等教育发展的规律看，有其自身的质量保障逻辑。

例如，如何招聘到优秀的教师，这是需要学校依靠自身的人事制度设计来进行质量保障，优秀的教师如何发挥作用，促进课程质量的提升，又带动学生学习质量的提高等，这一系列与质量相关联的环节链之间有内部运行的规律，并不能依靠外部质量保障来实现。因此，合理定位和建构外部质量保障体系的功能就显得尤为重要。所谓的功能不足问题，主要是功能指向不明确，一些环节上没有较好地发挥应有作用，而另外一些环节上过分强调功能，导致了学校疲于应付。究其原因，是外部质量保障的体系构成问题，包括保障体系的要素构成，以及连接要素之间复杂关系的运行机制等。

该省在高等职业教育外部质量保障体系的顶层设计上，还没有体现应有的制度创新高度；虽然 2015 年省政府出台了《贯彻落实国务院关于加快发展现代职业教育决定的实施意见》和《现代职业教育体系建设规划（2015—2020 年）》，但长期以来形成的高等职业教育是"从属"教育的观念，造成了对外部质量保障"能过得去就行"的低标准要求，在外部保障理念、策略上没能有效地形成多层次、"立体"结构的体系。

（三）不能较好地适应现代职业教育的发展需要

2005 年国家确立了建设"有中国特色的现代职业教育体系"的目标和任务，对现代职业教育发展的新要求是能适应外部开放发展的需要，能适应内部自主发展的需求。高等职业教育则肩负着职业教育"桥"接的重要作用，在促进社会分层、流动和保障社会稳定方面意义重大，其现代性体现为以现代大学制度来完善高校的内部治理，以现代高等职业教育的人才规格来建立教育教学体系。我国外部质量保障体系的建立与其他国家不同，并没有经历问题—反思—保障这样的必然阶段，德国、英国等国家是在经历了职业教育发展的若干问题以后，在学校的内部质量机制已不能阻碍质量下滑的前提下，经过不断反思才建立的质量保障体系。因此，体系建立是基于问题导向，又反过来解决问题，在"如何保障"问题导向下有比较清晰的路径。而我国和各省的外部质量保障体系是借鉴学习而来，并不是在质量问题全面爆发的情况下自主建立，要形成"对症下药"的中国特色外部质量保障模式，需要对中国现代高等职业教育发展体系的建立有深层次和充分的问题研究。关于外部质量保障体系是如何直接发生作用，怎样发挥作用等问题上还停留在经验性认识，缺乏实证的关联性研究，更缺乏有效的实施策略。

（四）外部质量保障的管理权限模糊

建立我国新时期"现代高等职业教育体系"的一个重要目标，就是统筹各级各类管理职能，要有整体布局战略和协同意识发展高等职业教育，这对我国的教育行政体制改革提出了更高要求。我国对高等职业教育外部质量保障分级政府管理的特点，要求国家和各省级政府在管理职能划分上有清晰界限，也要求省级政府的各教育主管部门之间能政务协同，还要求政府放权给高校，并调动社会第三方力量参与。但实际上，在教育行政结构里，高等职业教育的政府管理是多元的，分属不同的行政部门管理。目前至少从政府管理层面有两类：一类是人力资源保障部门主管的技工教育，开展职业资格教育；另一类是教育部门主管的职业教育，主要开展学历文凭教育。我国延续多年的高等职业教育行政管理体制，随着现代职业教育内涵的延伸，培养目标和人才标准的边界正越来越模糊，不同行政部门划界管理的行政体制已不适应现代职业教育体系协同发展的需要。最突出的问题是，不同管理部门有不同的质量要求，为建立一个协调、有效的外部质量保障体系带来了体制机制障碍。同时，由于各级各类政府的行政权力下放不彻底，第三方评估机构的发展空间受到了极大压缩，也制约了评估机构的专业化建设。

（五）"价值共建"未能固化为外部质量保障标准与策略

高等职业教育质量建设到一定程度以后，应该体现为质量文化建设，这其中最为重要的是对质量标准的追求、质量自主意识的树立、质量共同体的内部要求一致性，以及质量价值协调的稳定机制。云南省高等职业教育外部质量保障体系建设过程中，主要是为了解决高等职业教育发展的条件、规范性等问题，对于如何通过外部质量保障促进质量文化建设方面，与全国其他省份还存在很大差距。从全国范围看，高等职业教育存在区域发展的不均衡状况，从云南省内部看，各高等职业院校之间发展水平也有较大差距，如何在外部质量保障的质量文化导向要求上，既能实现对"高质量"发展目标的共同价值追求，又能兼顾学校之间的不同标准，是亟待解决的"价值共建"问题。此外，质量保障的"价值共建"还应该体现为高等职业教育内部系统与外部系统的紧密关系，这也是质量保障外部环境建设的关键，需要加强行业、企业广泛参与的外部质量保障机制建设，才能真正实现政府、高校、社会的多元价值协调、融合与共建。

总之，当前我国和省级高等职业教育外部质量保障体系建设都存在相同问题，主要集中于"保障什么""如何保障""谁保障"方面，需要在外部质量保障体系的功能定位、保障路径和保障主体方面进行更为有效的策略设计。

本章小结

面对高等职业教育发展的突出问题，案例研究的云南省教育主管部门非常重视质量管理工作。将高等职业教育外部质量保障作为一项工作机制和制度体系进行系统性的建设，该省是在全国相对较早开始的，也享有较好的社会声誉。2000年为了适应国家对各级政府在教育管理职能上的转型要求，继江苏教育评估院、上海教育评估院之后，在全国较早成立了具有"第三方"性质的专门化评估机构。并以此为起点开始从第三方评估机构建设、人才培养工作评估机制建设等，逐步建设和完善高等职业教育外部质量保障体系。

该省持续不断地完善了以人才培养工作评估为基础的外部质量保障体系，与全国同步开展了高等职业院校条件审核与合格评估、内涵建设与水平评估、高校内部质量保证体系的诊断与改进。与此同时，针对全省高等职业教育发展的实际，还实施了在全国影响较好的"特色发展与评估"、专业认证与评估等外部质量保障工作。在外部质量保障机构建设上，在全国产生了良好影响，探索了从"专门化"向"专业化"机构发展的路径，最早通过依托高校的专业性和学术性来建设有独立性质的第三方机构，初步探索出了一条政府与高校专业评估机构合作开展外部质量保障的工作模式。

作为研究案例，该省的高等职业教育发展历程与全国基本一致，但在发展方式和发展要求上又有自身的多样化需求，体现了"普遍性"与"特殊性"。外部质量保障建设也一样，在省域高等职业教育的不同发展阶段，外部质量保障都发挥了极其重要的作用，尤其是面对边疆高等职业教育发展落后的局面，在促进地方政府和行业举办方投入资金支持；促进高等职业院校按照教育规律办学；促进高等职业教育主动融入地方的经济社会发展等方面，外部质量保障在不断地持续发挥作用。外部质量保障的特殊性也明显，主要是"第三方"外部质量保障机构建设与发展中的不确定性，受到的干扰因素较多，而不能实现稳定的发展。还有高等职业教育发展的很多问题并非通过外部质量保障建设就可以加以解决，质量保障发展和有效性也会受到高等职业教育发展的影响，对此，应该持有乐观但谨慎的态度。

第八章

完善我国高等职业教育外部质量保障体系的策略

新时期我国高等职业教育发展将面临很多新任务，现代职业教育体系建设要求高等职业教育要转变发展方式，实现与现代产业发展的有效对接，在人才培养上能够体现经济社会发展对技术技能型人才的需要。同时，要对高等职业教育有新的定位，促进与其他类型和层次的职业教育协调发展。当前，高等职业教育的"百万扩招"将驱动新一轮的发展，扩招已不再是简单的规模扩大问题，除了有新的资源扩充到现有的高等职业教育体系以外，将考验高等职业教育的社会竞争力，需要有更优化的结构来适应新变革。要实现这些任务目标，外部质量保障也需要有新的策略。

一 外部质量保障体系要能适应现代职业教育发展要求

建立现代职业教育体系是为了适应经济经济发展转型需求，有其特定的"现代性"时代特征。"现代性"的内涵要求是能适应产业结构、终身学习的协调发展，要突出国际影响力和中国特色。外部质量保障要促进高等职业教育"现代性"发展目标，需要结合现代职业教育发展内部和外部需求，在理念上有新思路和战略高度，在方式、方法上能创新发展，在标准内容上能贴近需求，以此来构建新型的外部保障体系，逐渐形成我国的独特模式。

（一）质量保障体系要适应外部发展需要

对现代职业教育体系建设的要求，可以概括为三个方面：一是外部适应性，要能适应社会主义市场经济体制，能够符合经济发展和产业升级转型的要求；二是内部协调性，现代职业教育的发展要求构建中等职业教育与高等职业教育相贯通，职业教育与其他教育相协调，能体现终身教育理念的教育体系；三是国际示范性，在国家经济发展方式转变的背景下，能针对中国的特定发展环境与产生的具体问题，建设中国特色的职业教育发展体系。这些要求共同构成了现代职业教育体系建设的基本框架。

国家经济发展水平决定了高等职业教育发展要有外部适应性，要求高等职业院校在专业设置上，增强服务能力，结构更加合理，主动对接当地的经济产业发展需求。我国 2004 年起实施的高职高专学校专业目录，一项重要的改变就是以职业岗位群或行业进行专业划分，这样的划分方式与普通本科学校的学科类专业划分已有显著区别。而一些地方政府根据产业发展需求，在专业设置上加强了对高等职业院校进行引导，专业结构有较强的灵活性和稳定性，既能适时调整以适应产业结构调整的变化，又能通过专业内涵建设，形成良好的社会声誉而稳定发展。

我国在外部质量保障建设的进程中，虽然经过多轮实践探索，也建立了相对完整的外部质量保障体系，但一直没有在开放性的体系建设上有更多创新。从前面的有效性调查也可以看出，大家呼吁今后的外部质量保障体系建设，需对国家经济社会发展的高技术技能型人才质量要求，做更深入和更细致的调研，这样才能让质量标准不脱离人才标准的实际。另外，需要加以改进的是外部质量保障体系的"封闭性"问题，我们经常是在教育系统内分析问题和解决问题，对社会参与的重视极为不够，也没有建立一套与社会对接，共赢互利的有效机制，在行业指导和专家队伍构成上流于形式。最后，要适应现代职业教育发展的要求，还需要有更多的国际视野，积极而主动地在跨境质量保障方面进行国际化的实践，开创新的质量保障模式。

（二）质量保障体系应促进多层次职业教育的协调发展

经过多年探索，我国中高等职业教育协调发展取得了一定的进展，"摸索出中高等职业衔接的五年制职业教育，包括五年一贯制和'3+2'两种方式，以及中职学生升入高等职业院校的单招、单考方式衔接等"[①]。2011年教育部发布《关于推进中等和高等职业教育协调发展的指导意见》，其中要求在中等职业与高等职业教育的协调发展方面，应该"围绕区域发展总体规划和主体功能区定位对不同层次、类型人才的需求，合理确定中等和高等职业学校的人才培养规格""注重中等和高等职业教育在培养目标、专业内涵、教学条件等方面的延续与衔接"。这为进一步推进中高等职业教育协调发展作出了重要部署和安排，在促进不同层次职业教育协调发展方面有了新的举措。

要实现促进中等职业教育与高等职业教育协调发展的新功能，外部质量保障体系建设应针对职业教育多层次、多类型协调发展的需求，在课程标准、教学方法、实践教学等内容上做新的设计，尤其是在人才培养贯通性方面要建立连续而又相互关联的质量标准，要深入分析职业教育衔接对人才培养质量的新要求，以数据监测等方式对其他层次职业教育进行质量特征分析。要实现外部质量保障的有效衔接，打破各类、各层次质量管理的行政部门界限也十分必要，这样才能在机制上提供整体性外部质量保障的基础。

---

① 丁金昌：《我国中等和高等职业教育协调发展的探索》，《中国高教研究》2012年第2期。

二 改变外部质量保障中的行政主导模式

行政权力与学术权威在外部质量保障体系中发挥着不同的作用。行政权力是政府在管理高等教育时，以行政指令行使管理的权力，当外部质量保障要落实政府对大学管理的基本要求时，行政指令的要求会更加直接而有效。学术权威是以专家的专业性和权威，在外部质量保障中发挥学术指导的作用。行政权力与学术权威在外部质量保障体系建设的不同阶段，需要根据任务要求作出适当的调整与平衡，这样才能发挥好两者的协同作用。

（一）改变政府单一主导的外部质量保障

外部质量保障从以往的政府判断学术质量标准的方式，逐渐发生了根本性变化：首先，大学的学术标准和学生培养的质量判断更多地交给了专业化的评估机构和学术团体，因为政府的行政权力下放，这种转变给政府和大学赋予了不同的质量保障职能；其次，外部质量保障更倾向于以政策引导来加强对高校的质量管理，管理部门更多地发挥着"影子"作用，突出为大学质量提升服务的作用，而不是直接"负责"。在具体实施中，通常由独立的专业化机构进行组织和评估，如具有相应资质的第三方评估机构，以便在政府权威和高等教育院校之间实现缓冲和独立性。

我国高等职业、外部质量保障是政府主导的模式，以落实教育主管部门要求的方式，从外部确定的高等职业教育质量标准。在高等职业教育发展的初期，很大程度上促成了高等职业院校办学条件得到改善，并加强了高等职业院校在办学过程的规范性建设。今天，高等职业教育发展的质量内涵发生了重大变化，行政要求不能完全替代高等职业教育发展的内涵要求，需要对政府主导的单一模式进行改革。从我国的政务改革背景看，下放权力、增强服务能力一直是改革的重点，但在实际过程中，又因为对下放权力清单的不明晰或担心，致使改革不彻底。高等职业教育的政府管理也如此，多年来不断尝试各种方法，从教育部门主管到行业主管，再到教育部门与行业共同管理，又到社会各界力量共同治理，其中的变化有为了实现更有效管理的初衷，也有权力结构调整的原因，但始终没有促成高等职业院校对质量的自主需求。最直接的结果是，高校习惯于受行政指令的指导，把完成行政部门的要求当作质量提升的最终目的，这样的循环对营造社会共治、学术权威主导的外部质量保障环境是极为不利的。

就外部质量保障而言，政府一定要有转变职能的决心，对于简政放权，各政府部门还在犹豫中，长期形成的行政权力惯性很难转变，政府需要强化第三方购买服务的作用。当前政府通过购买服务方式，引入社会力量参与高等职业教育的管理，还没有系统的战略规划，亟须将自身无法解决而又紧迫的问题，以政府购买服务的方式，进行长远的规划和明确。如果没有引入社会力量参与的质量保障共建机制，委托项目没有系统规划和可持续性，那将不利于质量保障机构的专业化建设，还会带来外部质量保障环境的混乱。

外部质量保障的权责还有不清晰的情况存在，行政权力总是高于学术权威，导致了外部质量保障行政管理因素要多于学术判断。对于行政权力与学术权威的平衡问题，实质是外部质量保障的政务"放管服"改革问题，将行政权力回归到政策指导，而将质量保障交由学术权威。这也是一个管理权限明晰，权力性质转变的过程，把本来是行政管理部门的权力转变为质量管理的专业服务。

（二）引入新公共管理理论建设外部质量保障体系

高等教育的质量保障不是一个新的学术领域。一直以来，大学都有一套机制确保他们的质量，在这套机制里，大学通过优越的条件来聘任优秀的教师，又通过教师吸引优秀的学生，有时是人才之间的相互吸引和影响，这样的"人本位"机制确保了大学培养人才的质量。随着各国政府和一些国际组织，例如联合国教科文组织和国际经合组织等对高等教育全球流动的关注，教育质量保障中的政府管理作用越来越突出，借助一些公共管理理论实现对高等教育的质量保障，是政府在外部质量保障发挥作用的需求，也成为一个传统。

政府通过质量保障的强化，进一步影响了高等教育的学术生态，基于由 Clark（1983）所阐释的理论，高等教育有三类统筹力量——学术寡头、国家和市场。一般来说，涵盖了以下三种重要职能：第一，由国家直接管理高等教育机构或项目的质量；第二，将外部质量保障纳入整个学术保障体系，质量保障体系包括了一整套相互建立的连续的机制，他们被演进成了一个体系以及一种变化，在这个变化中相互影响；第三，质量保障体系与机构或者对象有关（包括研究生和本科生），不同的实体（政府或非政府）会负责履行这些不同的职能，主要的参与者是教育部门（他们最初的责任是质量保障）。最后是专业认证机构，通过专业认证来体现出质量保障的力量。[1]

20世纪70—80年代，西方国家提出了"高等教育质量保障体系"的概念，企业管理方法被引入高等教育领域，并得到了国际范围的广泛推动。国际高等教育质量保障运动的兴起，在很大程度上是受到新公共管理和治理理论思潮的影响。在高等教育领域，新的公共管理理论认为，政府对高等教育的管理要实现所谓"间接的监控"，建议政府要不断发挥作用来制定指导和提供资源的机制；同时在国家和院校的不同层面，要制定针对性的教育活动和结果输出的详细目标，对于各自应该履行的责任应该成为政府管理的主要目

---

[1] Michaela Martin and Antony Stella, "External quality assurance in higher education", Paris, 2017.

标，并赋予高校更多的办学自主权。高校应该对学生的培养质量负责，而政府应该提升高等教育的公共服务能力，并发挥好资源配置的作用。

这种新的公共管理概念映射了一种对市场机制依赖，一些高度多元化和以市场为导向的国家高等教育体系，例如美国，在新公共管理理论的推动下，不断探索质量保障体系所能发挥的作用。一方面，作为高等教育消费者的学生和家长，在市场透明化的要求下，希望通过质量保障机制来促进高校办学绩效的公开透明；另一方面，政府在高等教育管理中，也逐渐地从直接监督转变为间接监督，通过质量保障体系将政府职能突出服务的功能，与高校一起接受社会的监督。这就是质量保障中在政府及公众外部和高校内部的不同角色定位与责任，高校定位于内部治理的质量主体，为教育教学的质量负有主体性责任；而政府定位于外部的间接监控，在指导和资源配置上发挥作用；与此同时，政府和高校都在质量保障框架下向社会公开透明，接受市场机制的调节。

三 完善省级第三方外部质量保障体系

由第三方机构来对高等教育质量进行判断，已成为国际成熟经验，发达国家由于传统上有"小政府、大社会"的社会治理理念，因此，第三方有充分的社会市场，也容易被公众所接受和认同。第三方表面上看是在高等教育外部质量保障中的身份划分，但实质是外部质量保障活动的独立性和专业化体现。

（一）以第三方机构建设来彰显独立性价值

外部质量保障的第三方机构建设，是实现独立性的基本组织架构。在我国早期界定为评估"中介组织"（intermediary organizations），这一概念来自西方国家，西方传统大学历来有自治和自由的传统，对于政府干预有一种本能的抗拒，为了在教育管理过程中协调政府与大学的关系，需要建立一片双方，甚至是关注教育的社会各界之间的缓冲地带。这是一种"减压阀"，是一种"学术协调模式"。① 国际上，成熟的"第三方"质量保障模式尤为强调"独立性"，旨在为政府与高校之间搭建一个服务型的教育质量保障平台，既促进高校办学质量的提升，也促进政府管理职能的改进，更重要的是促进政府与高校之间的沟通。在我国高等教育管理长期所形成的"行政权威"和"刚性指令"模式中，引入"中介"的柔性管理具有特殊意义。

评估机构与组织的发展是外部质量保障体系建设的关键，从发达国家的教育外部质量保障体系建设经验看，组织建设先于制度建设，而制度建设又先于标准建设，评估组织是质量保障体系的主要支撑。某种程度上，评估机构建设的理念也就涵盖了质量保障体系的理念。"组织发展是一种旨在改进组织生活中的人际关系，进而提高组织生产率（完成任务目标）的理论、方法和价值体系"。② 正因为如此，第三方评估替代了政府对质量的直接管理，逐渐发展为外部质量保障模式。

我国在高等教育评估的早期阶段，即教育部在本科教育教学水平评估以前，就开始在理论上探讨中介教育评估组织的建立问题。中介组织的主要组织特征是"第三方"中立价值，所谓第三方的"独立性"价值，主要表现为在涉及质量判断、利益权衡时，能有"不偏不倚"的站位，这是高等教育外部质量保障非常崇尚的"中立"价值。当然，除了在"公正性"体现优势以外，还要在"公众性"方面发挥不同社会参与方的"价值共建"作用，也就是如

---

① ［美］莫里斯·柯根：《政治的观点》，转引自［美］伯顿·R. 克拉克《高等教育新论：多学科的研究》，王承绪等译，浙江教育出版社2001年版，第63页。

② ［挪］波·达林：《理论与战略：国际视野中的学校发展》，范国睿主译，教育科学出版社2002年版，第202页。

何协调各利益相关者的诉求，在质量保障过程中尊重政府、高校，以及家长、学生、就业单位等多方的意见，转化为能被多数相关者接受的质量标准。

（二）以"专业化"建设来建设第三方机构的社会公信力

专业化属于社会学的范畴，外部质量保障机构的专业化，是要促成这一领域的职业个体和群体逐渐符合应有的专业标准，获得广泛承认的专业性地位。在一些国家的外部质量保障建设中，专业机构的参与是保证评估合法性地位取得的重要途径。韦伯认为，稳定的社会不能建立在"赤露权力"基础上，否则所施行的政策会遭到强烈抵制。外部质量保障要将权力转变为合法权利，需要坚持价值标准和学术准则，这恰好是专业化机构能提供和保障的。从"专业化"建设看，大致可以涵盖两方面的内容：一是评估者的个体职业发展，类似于国外评审员的资格获取；二是评估者的群体专业化发展，通过类似于行业协会建立方式，促进群体的专业化能力建设。

评估者个体和群体的职业化发展，促成了评估组织的专业化能力建设。2007年民政部下发了《关于推进第三方组织评估工作的指导意见》和《全国性第三方组织评估实施办法》，为我国高等教育第三方机构建设和评估提供了制度依据，但如何实现专业化建设，还需各级外部质量保障和评估机构的自身努力。可以说，评估机构只有体现出较高的专业化水平，才不会被政府职能部门和一些以营利为目的的商业机构所取代。

四 构建专业认证的人才质量保障体系

专业认证与评估是西方外部质量保障中的重要制度，在这一制度相对成熟的美欧国家，也不过30年历史，专业认证在本科教育中有《华盛顿协议》，在高等职业教育中有《悉尼协议》，这些协议框架为全球高等教育建立专业标准提供了基本参照。中国高等职业教育的快速发展，为世界瞩目，在数量上成为高等职业教育大国之后，面临着内涵质量的同步提升，接轨国际专业质量保障与评估是必然趋势，也是中国高等职业教育的人才培养质量得到国际认同的有效途径。

(一) 专业评估保障高等职业教育的人才质量

高等职业院校的专业设置有典型的行业性、地方性发展特色，这要求高等职业院校的专业评估需要建立不同于本科院校的质量管理模式。开展高等职业教育专业认证与评估，对于深化高等职业教育专业教学质量改革，促进专业内涵建设，提升人才培养的质量，能发挥院校整体评估不可替代的作用。

近年来，高等职业教育正在建立卓越的质量标准，与普通本科的"双一流"建设要求相似，提出了建设"优质校"的一流高等职业教育建设目标。我国对高等职业教育发展的卓越追求，归根结底还是一流的人才培养，这既是"办人民满意的教育"需求，也是一流高等职业教育发展的基础。

"专业质量保障与评估"的建设就是要解决人才培养的问题，回归到教育的本真，通过外部质量保障体系引导构建真正的"学生中心"质量标准，保障学生的专业学习质量。"学生中心"的标准导向包括：一是在校学生的学习体验评估。虽然我们一直强调"学生中心"，但回到教育教学的现实，学生视角几乎被忽略了，专业、课程、教法基本上是教师的经验逻辑，并不能反映学生的真实教育需求，没有需求导向的教学，最终导致学生的学习体验大打折扣。专业评估将更加强调学习的愉悦体验和收获，并以满意度指标来实现度量；二是毕业生的学习成就评估。国际工程联盟在建立不同国别和教育体制影响下的专业质量可比性时，就以毕业生素质为标准和质量的起点，确立了毕业生的12个特质。这种以学生质量为起点的逻辑打破了以学科知识为目标的标准参照，构建的是质量评估的倒推模式,即以毕业生素质来评价专业目标的合理性,再推断应该建立什么样的专业教学过程可以实现毕业生的素质要求。①

(二) 以专业认证、评估来保障人才质量的底线

经过 20 年的外部质量保障建设,我国院校综合评估的外部质量保障体系建设已逐渐得到完善,促进了高校完善基本办学条件,也推动了高校教学工作的规范性,但在大学的育人内涵质量建设,也就是促进大学教师、学生发展的质量保障方面尚在探索阶段。我国新时期的高等职业教育发展,"规模和数量的增长将在一定时期内处于稳定阶段,高等职业院校正面临着如何从数量优势转变为内涵优势,专业、课程和毕业生质量等内在品质将成为新的竞争性教育资源"②。这是要深入研究和开展专业评估的原因所在,我们需要从更微观和具体的育人环节,保障高等职业院校的人才培养质量。

专业评估是世界高等教育全球一体化的重要途径,在工程教育、医学教育等领域已开展了全球性专业认证与评估工作,为相关专业确立了全球认可的质量标准,并促进了专业人才的流动、课程学分的互换,以及教育质量的共同提升。中国高等职业教育专业评估的未来,应该是建立专业质量的基本标准,与国际专业评估标准逐步接轨,在把好人才培养的"质量底线"同时,对接"世界一流"的国际标准。

专业"认证"与"评估"是质量保障的不同方式,"认证"是一种标准参照方式,认证主体、对象和标准缺一不可,获得"认证"即表明对象达到了标准,并获得了特定主体的认可,"认证"效用的前提条件是主体的社会公信力与影响力。"评估"是发展性

---

① 刘康宁、董云川:《高校专业评估应回归学生的主体价值》,《上海教育评估研究》2014 年第 4 期。

② 刘康宁:《"第四代"评估对我国高等教育外部质量保障的启示》,《国家教育行政学院学报》2010 年第 9 期。

的质量导向方式，美国教育评估学者林肯和古贝所倡导的"第四代评估"理念，已成为教育评估学界的共识，我们也可把第四代评估称为发展性评估。它模糊了评估者和被评估者的严格界线，评估活动更加开放，利益相关者在外部质量保障的共同参与，共同追求卓越的高等教育质量，是当前教育评估的主要特征。从教育评估的价值取向看，"认证"是为了获得外部的价值认同，而"评估"是追求自我的质量认同，专业质量保障就是一个从外部"要求"转向内部"需求"的认同过程，在这过程中，需要外力的标准强制保障，更需要自我的质量自省与觉悟。

（三）在专业质量保障中建立自主性的主体意识

政府主导的指令性评估是目前高等职业教育外部质量保障的主要方式，高校已经习惯性地将自己定位为接受评估的被评者角色。何谓"主体"，其实就是质量保障中自我角色的确立，是专业质量由"谁负责"的问题，高等职业院校要从评估的客体转变为主体，单靠自身的意识觉醒是难以实现的。首先，政府在专业评估中应"留白"，放上一张白纸，将专业质量的事交给"专业"的人去勾画，通过"看不见的手"去穿针引线，从而履行向社会、家长、学生保证人才培养基本质量的责任。其次，高校要敢于"自我暴露"，其主体意识的关键在于有没有正视自身问题的勇气，是"轻描淡写""遮遮掩掩"，还是"刨根问底""坦然公开"？后者的选择意味着高校已把质量保障当作自己分内的责任，主体地位也就不言自明了。最后，社会的定位也不应简单为监督，监督不力很容易就变为旁观，旁观不清很容易就成为完全的局外人。社会是一个广泛定义，要在专业评估中发挥作用，需以专业质量的社会共同体参与其中，例如行业协会或专业教学指导委员会等，最终通过组织的契约规则和自律来保障专业质量。

(四) 我国高等职业院校专业质量保障的运行机制

高等职业教育的专业外部质量保障还存在很多制约因素，专业评估因为专业类别多样，以及专业布点分散，从中央到地方政府都还没有建立起一套有效的制度保障。我国高等职业院校的专业是按照专业群的类别进行划分；同一个专业分散布点在数十个，甚至几百个高校，诸多因素决定了专业评估是一项复杂系统，需要从制度的顶层设计做规划，建立中央政府、地方政府的外部保障与高校内部保障的不同层级制度保障体系，若制度设计不清楚，宁可不做或试点去做，否则会成为高校的另外负担。

专业评估有别于院校评估，尤其需要转变的是观念是：评估不能包治百病，也不能统揽所有。"选择中放弃"应是相对可行的策略，选择保证专业的质量底线，必然要放弃多数专业的水平甄别；选择量大面广的专业，必然放弃不成规模的专业；选择专业类别作为评估范围，必然放弃单一专业的可比性。

建立高等职业院校的专业评估工作的良好运行机制，在方法技术上，首先，要解决大数据问题。如何设计专业评估的数据信息采集点，既体现专业人才培养的具体内涵，又能与高等职业院校的教育教学数据有效对接。其次，要解决通用指标与专业指标的相关性问题。国际上专业评估的经验是"通用标准+专业补充标准"，要高度提炼专业评估的通用指标要素，并关联形成个性化的单一专业评估标准，还是世界性的教育测评技术难题。最后，要处理好量化指标与质性指标的相互验证问题。专业评估是人才培养质量的判断过程，数量化指标的优越，只能预期会有好的人才质量，这是典型的"推断统计"模型，推断一定会有误差，如果是系统性误差就可能差之毫厘而失之千里，若想兼顾数量与质性指标，又难权其左右而取其中。

我国高等职业教育专业外部质量保障工作的起步晚，与本科的工程专业认证、医学专业认证等成熟机制相比，其评估的理论与实践研究也相对落后。从当前我国高等职业院校教育评估实践看，无论是自2004年起开展的五年一轮的"高职高专院校人才培养工作水平评估"还是2008年新改后实行的"高职高专人才培养工作评估"，都主要是以院校综合性评估为主，专业评估还未作为有效的项目评估方式加以实施。随着高等职业教育评估研究和实践工作的推进和发展，专业认证与评估作为高等职业教育质量保障的重要内容越来越受到人们的重视，它在保障高等职业教育人才培养水平和质量方面发挥着重要的作用。2016年，国务院教育督导委员会办公室（教育部督导局）对高等职业院校开展机械、护理、园林、锻造四个专业评估提出了试点要求。当前，我国专门针对高等职业院校专业评估方面的研究尚属初始阶段，对高等职业院校专业开展专门评估工作是对高等教育院校评估的必要补充，有助于完善高等教育质量保障体系，丰富高等教育质量评估理论，这也是高等教育质量保障发展的内在要求。

五 发挥行业协会在高等职业教育外部质量保障中的作用

行业协会参与高等职业院校质量保障，是通过行业标准、行业专家来保障高等职业院校办学中职业能力培养不偏离行业需求，将行业的最新成果转变为高校的课程内容，并通过行业参与为教师、学生提供更多的真实教学情境，服务于学校的人才培养体系建设。在我国，行业协会与高等职业教育的联系比较紧密，甚至有的就是举办方。有些行业协会的前身是国家和省市政府管理部门，例如机械行业协会、物流行业协会等，在我国政府机构改革以后，这些行业协会依然在发挥着管理职能。还有一些行业协会，因为会员单位的特殊性，也具有了政府管理职能，同时还汇聚了行业的主要力量。因此，教育的管理部门会依托这些行业协会来共同管理高等职业院校。例如，成立行业教学指导委员会，共同制定行业的专业教学标准、指导高等职业院校的专业设置，人才培养模式改革等。

行业参与高校教学和管理的传统由来已久，逐渐也形成了一些稳定和成熟的模式，我国高等职业教育快速发展中，行业协会的力量不容忽视。由于这样的历史传统，行业协会也对高等职业院校办学过程有管理的要求，不仅有人、财、物的管理，还有教育教学质量的管理。如果追溯我国在20世纪80年代开展的评估历史，那么最早的以评估方式管理高校并不出自教育主管部门，而是行业协会主导的。例如，20世纪80年代由煤炭与工业协会开展的高校社会服务能力评估。世界范围内，最早的专业认证也是因为行业协会的参与，"20世纪初，美国由私立的执业医生而不是教育专家组建了美国医疗协会（AMA），为医科学校建立了10个类别等级体系，1907年在广泛调查基础上，确认了认可的学校名单，为后续的医学领域以及其他领域专业认证奠定了基础"[1]。之后才发展为由学校组成认证协会，进行专业认证。"为了适应国家教育标准的需要，美国由23个职业学校于1912年成立了国家商业学校认证协会（AC-ICS），是美国第一批国家认证机构之一，开始以统一的标准对协会内的学校进行专业认证。"[2] 由此可见，行业协会不仅有能力参与高等职业院校的教学过程，在外部质量保障方面也不是外行。

我国在外部质量保障建设上应该重视行业力量的呼声由来已久，在前面的专家构成的合理性调查中，多数人都赞同引入行业参与，甚至认为行业企业专家是最重要，也最需要加强建设的专家力量。可以说，今后外部质量保障建设要取得大的突破，引入行业参与质量保障将是一个非常有效的途径。

---

[1] Elaine, EI-Khawas, *Accreditation in the USA: Origins, Developments and Future Prospects*, International Institute for Educational Planning, 2001, p. 100.

[2] http://www.acics.org/accreditation/content.aspx?id=2258.

本章小结

当前，我国高等职业教育的发展面临着两大任务：一是如何建设现代高等职业教育体系；二是如何进行新一轮的扩招。这是高等职业教育发展的新契机，也对发展质量提出了新要求。为此，外部质量保障建设也要有与之相适应的策略。

第一，外部质量保障建设要解决"封闭性"问题，改变以往在高等教育系统内分析问题和解决问题的思维方式和工作方法，应该着手建立一套与社会产业行业对接，共赢互利的有效机制。与此同时，要适应现代职业教育发展的外部需求，开拓国际视野，积极而主动地在跨境质量保障方面进行国际开放的实践，开创新的质量保障模式。

第二，要在标准内容上，深入研究现代职业教育体系对人才培养的贯通要求，反映出职业教育和经济社会发展，学历职业教育和非学历职业教育，中等和高等职业教育，职业教育与其他教育的衔接要求。

第三，对外部质量保障体系的建设，不能就问题议问题，要从政府管理体制上入手，即要在政务"放管服"，政府职能转变方面下功夫。逐渐转变政府的行政权力主导方式，突出学术权威在外部质量保障中的地位和影响力。

第四，要持续加强"第三方"外部质量保障改革，探索多种形式的外部质量保障，认识到第三方不是一个身份概念，而是外部质量保障的"公平性"和"独立性"价值体现。

第五，要在评估内容上不断推进项目评估，例如专业认证、质量报告等，逐渐完善周期性的院校整体评估和持续性的项目评估策略。

第六，重视发挥行业协会在外部质量保障建设的参与，研究有效的共同实施外部质量保障的机制，行业协会参与不仅是外部质量保障建设的需要，也将是质量保障取得突破的有效途径。

第九章

构建适应未来需求的外部质量保障体系

外部质量保障是顺应高等教育大众化和全球化而兴起的质量管理机制，在我国有规模扩张与内涵建设同步建设的特殊需求。外部质量保障体系建设的主要问题有在高等职业教育规模与内涵发展的不同阶段，外部质量保障体系如何通过不同模式去实现"有效的"保障？面对建设现代高等职业教育体系的发展需求，如何建设具有"中国特色"的外部质量保障体系？本书偏向于对外部质量保障进行的元评估研究，分析了我国高等职业教育发展中，外部质量保障所起到的作用；从利益相关者的"价值共建"视角来审视有效性问题；以案例研究方式来透视当前外部质量保障存在问题；以及如何适应未来高等职业教育发展的建设策略。

一 我国高等职业教育外部质量保障建设的趋势性特点

在经历了三轮外部质量保障的改革以后，可以看到我国已逐渐建立了适应发展需求的质量保障体系，主要特点如下：

（一）高等教育后大众化阶段外部质量保障出现了新的发展趋势

高等教育后大众化质量问题是指在高等教育毛入学率即将进入

普及化阶段，伴随着规模发展而出现的新问题。我国 2019 年将进入高等教育普及化阶段，随着当前贸易保护、国家利益至上、地区分化加剧等情况的出现，使得高等教育的质量问题愈加多样和不稳定，质量保障不仅要涉及高等学校的"内部世界"，还要反映外部经济、政治、文化日趋剧烈的变化。后大众化的高等教育外部质量保障改革趋势，大致可以概括为：一是政府、高校、社会之间关系在发生变化，政府行政管理权力在不断减少，形成了三者新的权力结构和权力制衡；二是外部质量保障对质量管理的要求从"绝对控制"转变为"价值共建"，进一步突出了高等教育质量是通过多方参与实现的质量建设过程；三是从政府管理的单一主体模式转变为多元参与的"质量共同体"建设，外部质量保障要实现对内部质量保障的促进与提升，增强高校的质量主体意识；四是增进不同国家与地区的跨境质量保障合作，增强外部质量保障的"开放性"功能，在项目评估领域实现相互的"质量认证"。

（二）如何通过外部质量保障来促进高等职业教育发展

从统一认识的角度看，在高等职业院校对高等职业教育发展定位认识不明确的时候，外部质量保障通过将高等职业教育的先进理念融入质量标准，以指标体系引导了我国高等职业教育在正确方向上的发展，还进一步扭转了人们对高等职业教育是"低水平、低层次"教育的错误认识。从发展的连续性看，外部质量保障体系在高等职业教育兴起、扩招和质量建设的不同阶段，建立了行之有效的质量保障运行机制，以"条件合格评估""内涵质量评估"和"诊断与改进"的质量保障模式，促进了高等职业教育各个阶段的稳步发展，保持了质量建设的连续性。具体成效主要表现为："合格"评估促进了政府对高等职业院校的办学投入，改善了基本办学条件，也促使学校在新建、合并、改制等过程中对高等职业教育的认识加深了。"内涵"评估促进了学校对人才培养工作的重视，在专业建设和课程教学方面得到了提升。"诊断与改进"促进了学校质量建设的自主意识提升，质量管理向纵深发展。我国建立的不同阶段外部质量保障模式，有不同的标准和要求，使高等职业院校实现了一个台阶接一个台阶的渐进发展。

（三）外部质量保障中的省域主体作用

当前，省级外部质量保障体系的建设相对滞后，国家和地方相协调的"立体化"外部质量保障体系还不完整。我国高等职业教育外部质量保障体系是"国家和地方分级管理"的政府主导型，采用了"国家统筹"与"地方主导"结合的质量保障运行模式。省级外部质量保障体系的建设一定程度上决定了质量保障的"有效性"，目前还存在一些突出问题，主要有：一是地方政府的教育主管部门对外部质量保障体系建设的认识不到位，将"质量保障"当作"落实要求"，照搬照抄国家规定与要求，不结合自身实际建立独立运行的地方质量保障体系；二是没有省级外部质量保障体系的整体建设规划，各地方的重视程度和建设投入不足，对评估项目缺乏整合与协调，造成了多部门"多头评估"的乱象；三是各省的外部质量保障体系建设缺少国家的有力指导与规范要求，外部质量保障运行效率与水平存在较大差距，影响了地区高等职业教育的均衡发展。

（四）"第三方"运行机制的独立性与专业性

"第三方"外部质量保障，不论是机构建设还是运行机制，在"独立性"和"专业化"方面都需加强建设。由第三方机构来对高等教育质量进行判断，已成为国际成熟经验，发达国家由于传统上有"小政府、大社会"的社会治理理念，因此，"第三方"有充分的社会市场，也容易被公众所接受和认同。"第三方"表面上看是在高等教育外部质量保障中的身份划分，但实质是外部质量保障活动的独立性和专业化体现。我国"第三方"外部质量保障建设还停留在理论探索阶段，虽然对机构性质作出了制度规定，但在实际操作过程中，"官方的""半官方的""社会的"不同机构仍然混杂一起；而且在"第三方"的资格认定标准、工作要求、运行机制等方面也没有明确要求。

高等职业教育管理权限不清，导致了外部质量保障的主体不明。构建现代高等职业教育体系的一个重要目标，就是统筹各级各类管理职能，要有整体布局战略和协同意识发展高等职业教育，要求省级政府的各教育主管部门之间能分工明确，政务协同。我国高等职业技术教育的管理归口部门不同，从事职业学历教育的是高等职业院校和高等专科学校，归口教育主管部门管理；从事技术资格证书教育的是高级技工学校和技师学院，归口人力资源保障部门管理。随着现代职业教育内涵的延伸，培养目标和人才标准的边界正越来越模糊，延续多年的高等职业教育在不同行政部门划界管理的行政体制，已不适应现代职业教育体系协同发展的需要。最突出的问题是，不同管理部门有不同的质量要求，为建立一个协调、有效的外部质量保障体系带来了体制机制障碍。

（五）外部质量保障中的行业参与

行业、企业是我国高等职业院校的主要举办方之一，但由于缺乏有效的"社会参与"质量保障机制，对行业参与方式与内容没有相应的标准，使得行业参与在我国外部质量保障体系建设中没有得到足够重视。建立行业参与的 质量保障机制应该作为高等职业教育外部质量保障体系的重要组成，应该引进行业人才质量标准和更多的行业专家，来保障高等职业院校办学质量。具体举措可以包括：专业人才培养方案改革中引入行业人才标准，保证高等职业院校的学生职业能力培养不偏离行业需求；将行业的最新成果转变为高等职业院校的课程内容，使课程教学更贴近产业生产的实际；按照生产的工作环境与场地标准，建设校内外实践教学基地，为教师、学生提供更多的真实教学情境，服务于学校的人才培养体系建设。

（六）构建适应"现代高等职业教育体系"建设目标的外部质量保障

要构建适应"现代高等职业教育体系"的外部质量保障体系建设策略。从现代高等职业教育发展的角度构建外部质量保障体系，应该加快外部质量保障的开放与合作，扩大跨境质量保障的对外开放，加强与产业行业的横向合作；还应该进一步落实"管办评"的运行机制，加强第三方评估机构的"独立性"与"专业化"建设；此外，应该在完善院校评估的基础上，拓展专业认证等项目质量保障，增强外部质量保障的灵活性；另外，应该加强对地方外部质量保障体系建设，更好地促进高等职业教育发展为地方服务。这些举措都是建设具有"中国特色"外部质量保障体系的重要途径。

二 质量保障的本地化特色与示范

高等职业教育外部质量保障体系建设是一个宏大命题，将其置于高等职业教育发展的需求视角进行分析，可以深入了解在我国高等职业教育发展的特殊路径与要求下，外部质量保障是如何发挥作用的。

我国高等职业教育外部质量保障体系的建设，是一项系统性工程，既有前后时间维度的内容，也有国家与地方的纵向关系维度，还有中国与其他国家横向比较的维度。在研究内容上，有体系所包含的各要素研究，还有各要素之间关系的研究。我国高等职业教育未来的发展目标，应该着手于建立"现代高等职业教育体系"，这一体系的主要任务是实现各个层次职业教育的协调发展，同时要适应国家经济社会发展的迫切需求。2019 年我国确立了高等职业教育"百万扩招"的战略，综合现代高等职业教育体系建设的要求看，高等职业教育还将面临新时期的"规模与质量"协调发展,"内涵建设与外部适应相统一"的新挑战。基于以上高等职业教育发展的背景分析,高等职业教育外部质量保障还将面临一次新的改革,改革的重心将围绕高等职业教育发展的中国问题,构建具有"中国特色"外部质量保障体系。

新型的外部质量保障体系如何体现"中国特色",至少要突出两个方面的内容。第一,需要对外部质量保障体系中的要素和关系进行重构。要进一步研究外部质量保障体系的关键要素,包括对象要素:政府、高等职业院校、第三方机构、社会参与方等;还包括内容要素:制度、机构、人员、标准、运行机制等。只有对各要素在质量保障中的作用有了准确的把握,才能实施有效的改革。同时,还要加强各要素之间的关系研究,尤其是要通过实证的证据来阐明关系之间的因果性和稳定性,避免用主观经验去分析客观问题,更要避免用经验主义去推断因果关系。第二,需要对"中国特色"外部质量保障模式的示范性进行研究,中国经验只有放到国际视域的比较中,才能深刻理解在我国高等职业教育发展基础薄弱、时间相对短、外部环境支持有限的情况下,外部质量保障所体现出的特殊作用与"中国特色"。在比较中才能站在全球高等职业教育发展的角度,去审视中国外部质量保障的国际示范意义。

参考文献

一　中文参考文献

（一）著作

［美］埃贡·G. 古贝、［美］伊冯娜·S. 林肯:《第四代评估》,秦霖等译,中国人民大学出版社2008年版。

［美］伯克·约翰逊等:《教育研究:定量、定性和混合方法》,马健生等译,重庆大学出版社2015年版。

［美］C. 尼古拉斯·泰勒、［美］C. 霍布森·布莱恩、［美］科林·G. 古德里奇:《社会评估:理论、过程与技术》,葛道顺译,重庆大学出版社2009年版。

［美］丹尼尔·斯塔弗尔比姆等:《评估模型》,苏锦丽等译,北京大学出版社2007年版。

［美］迪恩·E. 纽鲍尔:《亚太地区高等教育:质量与公共利益》,杨光富等译,华东师范大学出版社2012年版。

［法］E. 迪尔凯姆:《社会学方法的准则》,狄玉明译,商务印书馆1995年版。

［英］戴维·赫尔德:《驯服全球化》,童新耕译,上海译文出版社2005年版。

［美］菲利普·G. 阿特巴赫:《变革中的学术职业》,别敦荣译,中

国海洋大学出版社 2006 年版。

[荷] 弗兰斯·F. 范富格特主编：《国际高等教育政策比较研究》，王承绪等译，浙江教育出版社 2001 年版。

[英] 杰勒德·德兰迪：《知识社会中的大学》，黄建如译，北京大学出版社 2019 年版。

[美] 克拉克·科尔：《大学的功用》，陈学飞等译，江西教育出版社 1993 年版。

[美] 理查德·D. 宾厄姆、[美] 克莱尔·L. 菲尔宾格：《项目与政策评估：方法与应用》，朱春奎等译，复旦大学出版社 2008 年版。

[挪] 波·达林：《理论与战略：国际视野中的学校发展》，范国睿主译，教育科学出版社 2002 年版。

[英] 莫里斯·柯根：《政治的观点》，载 [美] 伯顿·R. 克拉克《高等教育新论：多学科的研究》，王承绪等译，浙江教育出版社 2001 年版。

[美] 梅瑞迪斯·高尔等：《教育研究方法》，徐文彬等译，北京大学出版社 2016 年第六版。

[美] 苏珊·沙利文、杰佛里·格兰仕：《美国教学质量监管与督导》，翟帆译，黑龙江教育出版社 2016 年版。

[日] 田中耕治：《教育评价》，高峡、田辉、项纯译，北京师范大学出版社 2011 年版。

[美] 特伦斯·W. 拜高尔克、迪恩·E. 纽鲍尔：《亚太地区高等教育：质量与公共利益》，杨光富等译，华东师范大学出版社 2012 年版。

[美] 托马斯·库恩：《必要的张力》，范岱年等译，北京大学出版社 2004 年版。

[美] 希拉·斯劳特、拉里·莱斯利：《学术资本主义：政治、政

策和创业型大学》，梁骁、黎丽译，北京大学出版社 2008 年版。

[美] 约翰·布伦南、特拉·沙赫：《高等教育质量管理：一个关于高等院校评估和改革的国际性观点》，陆爱华等译，华东师范大学出版社 2006 年版。

[美] 约翰·S. 布鲁贝克：《高等教育哲学》，王承绪等译，浙江教育出版社 2002 年版。

[美] 约翰·杜威：《评价理论》，冯平译，上海译文出版社 2007 年版。

别敦荣：《高等教育管理与评估》，中国海洋大学出版社 2009 年版。

陈欣：《高等教育问责制度国际比较研究》，中央编译出版社 2014 年版。

陈玉琨等：《高等教育质量保障体系概论》，北京师范大学出版社 2004 年版。

陈玉琨：《教育评价学》，人民教育出版社 1999 年版。

冯珂琳：《高等职业教育可持续发展研究》，复旦大学出版社 2014 年版。

高迎爽：《法国高等教育质量保障体系研究：基于政府层面的分析》，中国社会科学出版社 2014 年版。

顾明远：《教育大辞典》，上海教育出版社 1998 年版。

郭丽君：《中国跨国高等教育质量保障体系研究》，社会科学文献出版社 2014 年版。

韩映雄：《高等教育质量管理：体系与方法》，北京大学出版社 2013 年版。

黄启兵、毛亚庆：《大众化高等教育质量保障：基于知识的解读》，北京师范大学出版社 2011 年版。

姜大源主编：《当代德国职业教育主流教学思想研究》，清华大学出版社 2007 年版。

教育部高等教育司编：《高职高专院校人才培养工作水平评估》，人民邮电出版社2004年版。

康宏：《高等教育评价标准的价值反思》，中国海洋大学出版社2011年版。

雷庆：《北美地区高等教育质量保障体系研究》，北京航空航天大学出版社2008年版。

李进才：《现代高等教育教学评估词语释义》，武汉大学出版社2016年版。

李进：《新中国高等职业教育发展纪实》，上海教育出版社2013年版。

李雄杰：《职业教育理实一体化课程研究》，北京师范大学出版社2011年版。

林健：《卓越工程师培养质量保障基于工程认证的视角》，清华大学出版社2016年版。

林杰：《问责与改进高等教育评估与质量保障》，山东教育出版社2015年版。

刘金桂：《高等职业教育发展研究》，厦门大学出版社2004年版。

刘康宁等：《从仿真趋向真实：高职院校生产性综合实训平台建设的办学特色研究》，高等教育出版社2015年版。

刘康宁：《教育项目评估方法：微观视界的评估研究》，云南科技出版社2008年版。

刘康宁、张建新等：《云南省高等职业教育质量研究》，云南人民出版社2015年版。

刘徐湘：《高等教育评估论》，云南科技出社2008年版。

陆永芳：《职业技术教育专业教学论》，清华大学出版社2007年版。

罗军强：《高等职业教育历史研究》，光明日报出版社2011年版。

罗尧成：《高职院校国际合作办学质量保障研究》，上海三联书店

2014年版。

马树超等：《区域职业教育均衡发展》，科学出版社2011年版。

麦可思研究院：《2012中国高等职业教育人才培养质量年度报告》，外语教学与研究出版社2012年版。

苗晓丹：《创新背景下的德国职业教育体系及质量研究》，光明日报出版社2017年版。

穆晓霞：《高等职业教育的探索与创新》，南京师范大学出版社2009年版。

潘懋元：《中国高等教育大众化的结构与体系》，广东高等教育出版社2009年版。

钱爱军：《中国高等教育质量保障体系核心问题研究》，西南交通大学出版社2011年版。

全球大学创新联盟编：《2007年世界高等教育报告：高等教育的质量保障》，浙江大学出版社2009年版。

任群庆：《高等职业教育的发展趋势》，科学技术文献出版社2005年版。

史秋衡、吴雪、王爱萍：《高等教育大众化阶段质量保障与评价体系研究》，广东高等教育出版社2012年版。

史秋衡、余舰等：《高等教育评估》，贵州教育出版社2004年版。

唐霞：《英国高等教育质量保障体系》，北京师范大学出版社2012年版。

田锋：《国际高等教育质量外部保障实践的研究》，华南理工大学出版社2014年版。

王大根、周庆元：《现代高等职业教育质量管理理论》，浙江大学出版社2006年版。

王红：《我国高等教育院校评估——理论与实证》，教育科学出版社2017年版。

王建华：《多视角的高等教育质量管理》，广东高等教育出版社2010年版。

王明伦：《高等职业教育发展论》，教育科学出版社2004年版。

王向红：《中国高等教育评估质量保障研究：元评估的视角》，中央编译出版社2017年版。

王运来、李国志：《高校教学质量评价与保障》，南京大学出版社2010年版。

王战军：《高等教育监测评估理论与方法》，科学出版社2018年版。

吴剑平：《大众化背景下中国高等教育质量管理研究》，清华大学出版社2011年版。

吴雪：《英国高等教育质量管理制度变迁研究》，福建教育出版社2013年版。

吴岩等编著：《国际高等教育质量保障体系新视野》，教育科学出版社2014年版。

吴岩主编：《构建中国特色高等教育质量保障体系》，教育科学出版社2014年版。

肖化移：《审视高等职业教育的质量与标准》，华东师范大学出版社2005年版。

徐国庆：《职业教育课程论》，华东师范大学出版社2008年版。

徐平利：《职业教育的历史逻辑和哲学基础》，广西师范大学出版社2010年版。

徐庆军：《高等教育专业结构调整的理论与实践》，湖南人民出版社2008年版。

许敏、田金培：《高职教育发展的探索与实践》，社会科学文献出版社2016年版。

严玲、尹贻林：《应用型本科专业认证制度研究：基于英国亚太地区工料测量高等教育及其专业认证的样本分析》，清华大学出版社 2013 年版。

严中华：《职业教育课程开发与实施》，清华大学出版社 2010 年版。

杨冰：《借鉴 ISO9000 质量管理，构建高等职业教育教学质量保障体系，新世纪高等技术与职业教育改革的探索与实践》，高等教育出版社 2004 年版。

杨念：《高等职业技术教育特色论》，湖南师范大学出版社 2005 年版。

杨应崧等：《高等职业院校人才培养工作评估回顾与展望》，高等教育出版社 2014 年版。

姚云、章建石：《当代世界高等教育评估历史与制度概览》，北京师范大学出版社 2013 年版。

张建新：《高等教育体制变迁研究：英国高等教育从二元制向一元制转变探析》，教育科学出版社 2006 年版。

张伟江、李亚东等编著：《大众化高等教育的质量保障与评价》，高等教育出版社 2011 年版。

张彦通：《高等教育评估与质量保障》，北京航空大学出版社 2011 年版。

张彦通：《欧洲地区高等教育质量保障体系研究》，北京航空航天大学出版社 2007 年版。

张忠家、黄义武：《产学研合作提升人才培养质量研究》，教育科学出版社 2014 年版。

赵立莹：《国际化背景下高等教育质量保障组织发展研究》，中国社会科学出版社 2016 年版。

郑晓齐等：《亚太地区高等教育质量保障体系研究》，北京航空航天大学出版社 2007 年版。

周建松：《现代高等职业教育创新发展研究》，浙江大学出版社 2015 年版。

（二）期刊

别敦荣：《论高等教育内涵式发展》，《中国高教研究》2018年第6期。

陈玉琨：《论高等教育评估的中介机构》，《中国高等教育评估》1998年第2期。

戴娟萍：《高等职业技术教育质量保障体系的建构》，《深圳职业技术学院学报》2003年第4期。

丁金昌：《我国中等和高等职业教育协调发展的探索》，《中国高等教育研究》2012年第2期。

丁琼、马涛：《我国高等教育外部质量保障体系发展研究》，《高教发展与评估》2006年第22期。

敦荣：《论高等教育评估的功能》，《高等教育研究》2002年第6期。

范唯、郭扬、马树超：《探索现代职业教育体系建设的基本路径》，《中国高等教育研究》2011年12期。

方乐：《亚太地区教育质量保障能力建设的推动者》，《江苏高教》2014年第2期。

顾坤华、赵惠莉：《我国高等职业教育10年跨越发展的理性思考》，《江苏高教》2010年第3期。

贺祖斌：《高等学校外部教学质量保障体系中评估中介机构的建立》，《理工高教研究》2003年第6期。

胡秀锦、马树超：《我国高等职业教育发展的政策环境分析与思考》，《职教论坛》2006年第12期。

季平：《求真务实努力构建高等教育质量保障体系》，《中国高等教育》2010年第10期。

贾群生：《中介机构：新的观点》，《辽宁高等教育研究》1997年第2期。

蒋洪平、唐以志：《高等职业院校专业评估实施效果调研报告——

以云南省、重庆市为考察对象》,《中国职业技术教育》2016 年第 33 期。

李亚东:《试论我国教育评估中介机构的构建》,《教育发展研究》2002 年第 11 期。

李钰:《关于完善我国高等教育质量保障体系的思考》,《中国高等教育评估》2011 年第 3 期。

李志宏:《高职高专院校人才培养工作水平评估绩效分析研究》,《教育研究》2011 年第 8 期。

李志宏、李岩:《现代职业教育评估制度的系统构建》,《中国职业教育》2017 年第 31 期。

刘康宁:《"第四代"评估对我国高等教育外部质量保障的启示》,《国家教育行政学院学报》2010 年第 9 期。

刘康宁:《高校专业评估应回归学生的主体价值》,《上海教育评估研究》2014 年第 4 期。

刘康宁、李志宏、罗婕:《基于行业划分的高职院校专业多样性与差异》,《中国职业技术教育》2017 年第 17 期。

刘康宁、张建新:《云南省高职院校专业评估实证研究》,《上海教育评估研究》2017 年第 4 期。

刘康宁:《中国高等教育评估组织多元发展的制度文本分析》,《中国高教研究》2010 年第 6 期。

刘晓欢:《ISO9000 标准框架下的高职院校教学质量管理体系》,《职教论坛》2005 年第 11 期。

潘懋元、董立平:《关于高等学校分类、定位、特色发展的探讨》,《教育研究》2009 年第 30 期。

潘懋元:《高等教育大众化的教育质量观》,《中国高教研究》2000 年第 1 期。

潘懋元、邬大光:《世纪之交中国高等教育办学模式的变化与走向》，《教育研究》2001 年第 3 期。

平和光、程宇、李孝更：《40 年来我国高等职业教育发展回顾与展望》，《职业技术教育》2018 年第 15 期。

戚业国：《质量保障：一种新的高等教育质量管理范式》，《高等教育研究与实践》2006 年第 2 期。

曲恒昌：《战后英国高等教育学科结构的调整及其对我们的启示》，《比较教育研究》1997 年第 6 期。

荣莉、唐以志：《高职院校专业评估与专业诊改的区别》，《职业技术教育》2017 年第 38 期。

盛冰：《教育中介组织：现状、问题及发展前景》，《高教探索》2002 年第 3 期。

史重庆：《高职教育评估的回眸与展望》，《职教通讯》2014 年第 34 期。

唐广军：《全国高等教育质量保障与评估机构协作会成立大会暨学术研讨会综述》，《高等教育研究》2011 年第 32 期。

唐智彬：《论现代治理视域下的高职教育质量第三方评价体系建设》，《中国高教研究》2016 年第 5 期。

王建华：《高等教育质量管理的新趋势及我国的选择》，《中国高教研究》2008 年第 8 期。

吴启迪：《积极发挥社会组织作用，共同推进质量保障与评估制度建设》，《中国高等教育》2011 年第 2 期。

吴启迪：《加强评估机构能力建设努力促进管办评分离》，《中国高等教育》2011 年第 13 期。

吴岩：《高等职业教育发展定位中的若干问题》，《职业技术教育》2004 年第 19 期。

熊志翔：《欧洲高等教育质量保障模式的形成及启示》，《外国教育研究》2001 年第 3 期。

徐静茹、郭扬:《我国高等职业教育质量评价制度政策发展探析》,《职教论坛》2013年第25期。

晏月平、袁红辉:《云南省高职教育与产业发展对接路径构建》,《现代教育职业》2015年第1期。

杨冰:《借鉴ISO9000质量管理,构建高等职业教育教学质量保障体系》,转引自《新世纪高等技术与职业教育改革的探索与实践》,《高等教育出版社》2004年第6期。

杨晓江:《国外教育评估中介机构的特征》,《上海教育科研》2000年第10期。

杨晓江:《教育评估中介机构五年研究述评》,《高等教育研究》1999年第3期。

杨应崧:《高职高专院校人才培养工作水平评估实践回顾与思考》,《中国职业技术教育》2006年第236期。

张建新、刘康宁:《半官方高等教育学术评估中介机构模式探讨》,《玉溪师范学院学报》2008年第24期。

张建新、刘康宁:《促进高等教育内涵式发展的特色评估》,《上海教育评估研究》2013年第2期。

周济:《以服务为宗旨,以就业为导向,实现职业教育的快速健康持续发展》,《教育部通报》2004年第24期。

周建松:《构建开放、多元、立体的高等职业教育质量评价体系》,《中国高教研究》2012年第8期。

(三) 硕博论文

李亚东:《我国高等教育外部质量保障组织体系顶层设计》,博士学位论文,华东师范大学,2013年。

田恩舜:《高等教育质量保证模式研究》,博士学位论文,华中科技大学,2005年。

阎光才:《政府与高校间中介机构的作用和职能运作》,博士学位论文,华东师范大学,1997年。

（四）其他

［美］艾尔科娃斯、朱兰德、尼尔森：《高等教育的质量保障：最近的进展,未来的挑战》,李延成译,转引自《世界高等教育：改革与发展趋势》,国家高级教育行政学院内部资料,2002年。

胡展飞：《教学诊改：高职院校治理范式的改革》,《中国教育报》2017年。

教育部等六部门关于印发：《现代职业教育体系建设规划（2014—2020年）的通知》,教发〔2014〕第6号。

课题组：《高等职业教育质量保障体系的研究》,北京联合大学,2001年。

林梦泉：《高等教育评估机构现状分析及评估行业认证初探》,《中国大学评价研讨会交流论文》2004年。

刘来泉：《世界技术与职业教育纵览：来自联合国教科文组织的报告》,高等教育出版社2002年版。

史朝：《高等教育质量保证系统的比较研究》,转引自国家高级教育行政学院内部资料,2002年。

教育部：《2017年全国教育事业发展统计公报》。

杨应崧：《建设多元化、立体化、制度化、常态化高等职业教育评估体系》,转引自《高等职业院校人才培养工作评估回顾与展望》,高等教育出版社2014年版。

中国社会科学院语言研究所：《汉英双解现代汉语词典（2002年增补本）》,外语教学与研究出版社2004年版。

中国社会科学院语言研究所辞典编辑室：《现代汉语词典》（修订版）,商务印书馆1998年版。

二 英文参考文献

Abrahart, A. and Verme, P. "Social Protection in Asia and the Pacific", Manila, Asian Development Bank, 2001.

Andrea Bernhard, Quality Assurance in an International Higher Education: Quality Assurance in Higher Education, Tertiary Education and Management, 2012.

Bogue, E. G., "Quality assurance in higher education: The Evolution of Systems and Design Ideals", New Directions for Institutional Research, Vol. 15, 1998, pp. 7–18.

Brennan, J., & Shah., Managing quality in higher education: An International Perspective on Institutional Assessment and Change, Buckingham, OECD: SRHE and Open University Press, 2000.

Chernay and Gloria, "Accreditation and the Role of the Council of Postsecondary Accreditation", Washington, DC, 1990.

Daniela Torre & Gonzalo Zapata, *Impact of External Quality Assurance of Higher Education in Ibero-America*, Project: Quality Assurance: Public Policy and University Management, Chile.

Daniela Ulicna et al, "Study on Higher Vocational Education and Training in the EU", European Commission., 2016.

Dill, D. D, "Designing Academic Audit: Lessons Learned in Europe and Asia", Quality in Higher Education, Vol. 6, 2000, pp. 187–207.

Elaine EI-Khawas, "Accreditation in the USA: Origins, Developments and Future Prospects", International Institute for Educational Planning, 2001, pp. 7–9.

Gray, K. C. and Herr, E. L., "WorkforceEducation: the Basics", Boston MA: Allyn& Bacon, 1998.

Gandolphi, A. and Von Euw, "Outcome of a Survey on Quality Management in European Universities", Zurich: Swiss Federal Institute of Technology, 1996.

"Higher VocationaEducation forPost-secondary Vocational Education and Training", Ministry of Education and Research, Sweden, 2010.

Hou, A. Y., and M. Ince, et al, "Quality Assurance of Quality Assurance Agencies from an Asian Perspective: Regulation, Autonomy and Accountability", Asia Pacific Education Review, Vol. 16, 2015, pp. 95 – 106.

Hou, A. Y., "Mutual Recognition of Quality Assurance Decisions on Higher Education Institutions in Three Regions: a Lesson for Asia", Higher Education, Vol. 06, 2012, pp. 911 – 926.

"International Review of Management and Marketing", Vol. 6, No. 1, 2016, pp. 155 – 159.

Kilfoil, W. R., "Peer Review of Learning and Teaching in Higher Education: Peer Review as Quality Assurance", Vol. 10, 2014, pp. 105 – 123.

KarenNicholson, "Quality Assurance in Higher Education: A Review of the Literature", Council of Ontario Universities, 2011.

Malo, S., M. Fortes, "An Assessment of Peer Review Evaluation of Academic Programmes in Mexico", Tertiary Education and Management, Vol. 10, 2004, pp. 307 – 317.

Margarita Pavlova and Rupert Maclean, "Vocationalisation of Secondary and Education: Challenges and Possible Future Direction", London, 2013: pp. 43 – 66.

Marock, C., "Quality Assurance in Higher Education: the Role and Approach of Professional Bodies as SETA's to Quality Assurance", 2001.

Beerkens, M. and M. Udam, Stakeholders in Higher Education Quality

Assurance: Richness in Diversity, Netherlands: Higher Education Policy, 2017, pp. 341 – 359.

Michaela Martin, and Antony Stella, External Quality Assurance in Higher Education: Making Choices, UNESCO, Paris, 2007.

National Assessment and Accreditation Council, "Higher Education: An Introduction", India: National Printing Press, 2007.

Nilsson, Anders, "Vocational education and Training – an Engine for Economic Growth and a Vehicle for Social Inclusion?", International Journal of Training and Development, Vol. 4, 2010. pp. 251 – 272.

Neave, M. , "Models of Quality Assurance in Europe: CNAA Discussion Paper", London Council for National Academic Awards, 1991.

Ozturk, International Review of Management and Marketing, International Journal of Sport Management and Marketing, Vol. 1, 2016, pp. 155 – 159.

Pugacheva, N. B. , "Management of the Municipal System of Education: The Theoretical Foundations", News of Russian Academy of Education, Vol. 1, 2010, pp. 71 – 83.

Pupert Maclean, Ada Lai, "The Future of Technical and Vocational Education and Training: Global challenges and Possibilities", International Journal of Training Research, Vol. 9, 2011, p. 2 – 15.

Quality Assurance Authority of New Zealand, "Proposals for the Structure and Implementation of a Quality Regime for Tertiary Education", 1999.

Riad Shams, S. M. ed. , Quality Assurance Driving Factors as Antecedents of Knowledge Management: a Stakeholder-Focussed Perspective in Higher Education, Russia: Journal of Knowledge Economy, 2017, pp. 1 – 14.

Rupert Maclean & Ada Lai. Editorial, International Journal of Training Research, 2011.

BenteKristensen. "Has External Quality Assurance Actually Improved Quality in Higher Education Over the Course of 20 Years of the Quality Revolution?" Quality in Higher Education, 2010, pp. 153 – 157.

Ryan, P. , "Quality Assurance in Higher Education: A Review of Literature", Higher Learning Research Communications, 2015.

Robin Middlehurst and David Woodhouse, "Coherent Systems for External Quality Assurance", Quality in Higher Education Vol. 1, 2006, pp. 257 – 268.

Shanghai Academy of Educational Sciences, MyCOS Institute. , "Annual Report on Technical and Vocational Higher Education in China", Beijing: Foreign Language Teaching and Research Press, 2012.

Standards New Zealand, "Quality Management and Quality Assurance-Vocabulary", Australian/new Zealand Standard AS/NZS ISO 8402, 1994.

Tibor R. Szanto, "Evaluations of the Third Kind: External Evaluations of External Quality Assurance Agencies", Quality in Higher Education, Vol. 3, pp. 183 – 193.

Trow. M, Academic Reviews and the Culture of Excellence, Ph. D. disertation, UC Berkley, 1999.

UIS. Participation in Formal Technical and Vocational Education and Training. Programmes Worldwide: An Initial Statistical Study, Bonn, UNESCO – UNEVOC, 2006.

Technical and Vocational Education and Training for the Twenty-first Century: UNESCO and ILO Recommendations, UNESCO, 2002.

VanBruggen, J. C et al, "Syntheses and Trends inFollow-up of Quality Assurance in West EuropeanHigher Education", Netherlands: European Journal for Education Law and Policy, Vol. 2, 1999.

Viktoria Kis, Quality Assurance in Tertiary Education: Current Practices in OECD Countries and a Literature Review on Potential Effects, France, OECD, 2005.

Van Vught, F. A, and Westerheijden, D. F. , Quality Management and Quality Assurance in European Higher Education: Methods and Mechanisms, 1993.

Vlasceanu, L. , Grunberg, L. and Parlea, D. , Quality Assurance and accreditation: A Glossary of Basic Terms and Definitions, Bucharest: UNESCO – CEPES, 2004.

Wicks, S. , "Peer Review and Quality Control in Higher Education", British Journal of Educational Studies, 1992.

Woodhouse, D. , Quality and Quality Assurance, Quality and Internationalisation in Higher Education, OECD – IMHE, 1999.

Zuckerman, Harriet, and Robert K. Merton, "Patternsof Evaluation in Science: Institutionalisation, Sructureand Functions of the Referee System", Minerva, Vol. 9, 1971, p. 66 – 100.

三 网站引用

"Accrediting Council for Independent Colleges and Schools", http: // www. acics. org/accreditation/content. aspx? id =2258, Oct 20, 2018.

Bureau of Indian Standards, www. bis. org. in, Sep 20, 2018.

Council for Higher Education Accreditation (CHEA), "What Presidents Need to Know about International Accreditation and Quality Assurance", Presidential Guidelines Series, http: //www. chea. org/2007, Sep 10, 2018.

"Eyre, Elezabeth, European Research Reveals Vocational Education and Training's Lack of Status", www. trainingjournal. com, Oct 23, 2018.

Harvey, L, "Analytic Quality Glossary, Quality Research International", http：//www. qualityresearchinternational. com/glossary. Aug 23, 2011.

"Quality Assurance of Higher Education", http：//eng. ucdrs. superlib. net/searchFJour？Field＝all&channel＝searchFJour&sw＝quality＋assurance＋in＋higher＋education, Sep10, 2018.

《教育部2017年全国教育事业发展统计公报》, https：//www. moe. edu. cn, 2018年7月19日。

《认证史》, http：//www. acics. org/accreditation/content. aspx？id＝2258, Sep 12, 2018。

《联合国教科文组织·职业技术教育与培训战略（2016—2021年）》, https：//unesdoc. unesco. org/in/document viewer, Mar 09, 2017。

"The international Network of Assurance Agencies in Higher Education (INQAAHE) has been working on a glossary", www. qualityresearchinternational. com/golssary/, 2019－01－23.

"The International Network of Assurance Agencies in Higher Education (QAAHE) has been Working on a Glossary", www. qualityresearchinternational. com/golssary/, Sep 18, 2018.

"Internal and External Quality Assurance in Further and Higher Education", www. ncfhe. org. mt, Sep 12, 2018.

《关于提升重庆民营经济竞争力——培训、行业协会视角》, http：//zyzx. mca. gov. cn/article/yjcg/mjzz/200807/20080700018695. shtml, 2018年7月23日。

《质量保证术语》, http：//www. tempus－lb. org/sites/default/files/leaflet2_Quality_Assurance, 2018年8月29日。

《高等教育质量保障》, http：//eng. ucdrs. superlib. net/searchFJour？Field＝all&channel＝searchFJour&sw＝quality＋assurance＋in＋higher＋education, 2018年9月10日。

《中华人民共和国教育法》，http：//www.moe.edu.cn/publicfiles/business/htm lfiles/moe/m oe_42/200409/1182.html，2004年9月11日。

《云南一批本科高校将向应用技术型高校转型》，https：//yn.people.com，2017年2月13日。

刘康宁：《云南省高等职业院校2009—2013年人才培养工作评估总体规划》，https：//www.ynbsyz.cn，2019年3月11日。

《世界三大高等教育评估模式的最新发展》，http：//www.clner.com/Html/jiaoyupingjia/pingguanli/76031406742811.html，2019年9月3日。

后　　记

　　作为一名高等教育评估与质量保障的研究者，我一直坚守在这一领域从事相关工作、科研和教学。久而久之，随着工作中要去解决越来越多的问题，开始不断地思考、写论文、申报各类研究课题、讲学，也就逐渐成为个人的学术和专业标签。

　　回顾以往，从大学课堂中的"教育测量与评价"学习，转换为工作中的问题解决，是需要时间磨砺的。我是教育部2004年高等职业教育评估专家业务培训班里的第一期学员，当时，来自全国的80余位高等职业院校管理者和研究者齐聚一起，共同学习和探讨即将要展开的高等职业院校第一轮评估工作。为期一个月的集中学习与相互交流，让我这个高等职业教育的"门外汉"，对高等职业教育的发展状况和质量问题有了一定的认识。转眼15年，一直从事与高等教育评估相关的研究和实践工作，全程参与了地方的外部质量保障体系建设，实地评估和调研了全国50多所高等职业院校，亲历了我国高等职业教育评估的发展与变化过程。因此，在确立研究选题时，高等职业教育的外部质量保障问题成为首选，希望能对15年的工作实践做些总结和梳理，也希望能通过理论探究去进一步解释在工作中的困惑，更希望能超越"纯粹实践"的工作局限，做系统性的理论概括与总结。

　　质量保障是高等教育管理中的一个重要内容，在一些高等教育发展水平的国家和地区，质量保障的有效运行，事关政府对高等教育发展走向和质量管理的宏观管理效果，因此，外部质量保障体系建设成为了政府对高等教育管理的先决条件。通常情况下，政府通过质量保障体系去构建一套高等教育发展的基本标准，进而实现对质量的控制与保障，然后再通过拨款等经济杠杆去对高等教育发展的内部结构进行调节。研究这一问题，仅有书本知识的积累是远远不够的，仅有高校教学经历也难以把握高等教育管理的复杂性，于我而言，这是一项极富挑战的研究工作。

虽然我一直研究高等教育评估，自认为有一定的实践和学习优势，但把问题置于高等职业教育发展的历史脉络中，聚焦于一个宏大的质量命题时，立显信心不足、难以驾驭。社会科学研究有一个特点，即要从混沌模糊的社会现象中实现结果的"显而易见"确定性，以及原因的"言之有理"对称性。而本研究选题有两个基本问题，一是高等职业教育扩招对人才培养质量的影响；二是外部质量保障体系如何控制和保障人才培养质量，最终都汇聚到人才培养这一个高等教育的根本问题，这进一步增加了研究的难度。

虽然前路漫漫，漫无边际的经验性思考始终不得要领，也不能将所要研究的问题聚焦，但我的博士导师别敦荣教授还是不断地鼓励和支持我完成这项研究，导师常对我说："你是一个实践者，有着独特的视角。"诚然如此，"一路走到黑"的执着，不正是作为一名研究者学术成长的最好注释！这条路上，从举头不见远方，到回望曲折蜿蜒的足迹，有了目标，有了结伴而行，更有了陌生人的伸手相助。在此，要感谢在研究过程中，给予我全国样本调研的中国职教学会质量保障与评估研究会、云南省高等教育评估中心、福建教育评估研究中心、广东教科院评估所、重庆教育评估院等机构，还要感谢原教育部高等教育教学评估中心的李志宏教授、教育部职教中心研究所的唐以志主任等给予的支持，以及我的同事董云川教授、张建新教授、吴玫副教授给予的研究建议,还有我的硕士研究生张星星、汪海燕、胡晓玲帮助收集整理文献资料、分析数据。

停笔之时,"质量"在脑海中仍未方得其终,但有亲人、友人的一路相伴,已是我最大的收获和所幸!